KYNOS RATGEBER
BEAGLE

Thomas Warneke

KYNOS VERLAG

DANKSAGUNG

Dank sagen möchte ich meiner Frau Brigitte für ihre Unterstützung und Hilfe, meiner Tochter Wiebke als geduldigem Fotomodell, Herrn Dr. Georgi und Herrn Dr. Hey für ihre Hilfe beim Korrekturlesen sowie allen Beaglefreunden, die mir Bildmaterial zur Verfügung gestellt haben.

ÜBER DEN AUTOR

25 Jahre Beagles in der Familie.

Mit Hunden groß geworden, war es für Thomas Warneke nie eine Frage, dass auch in den eigenen Haushalt ein Hund gehört. Für die Familie mit kleinen Kindern war die Wahl der Rasse schnell getroffen und wurde auch nie bereut. 1977 kam die erste Beaglehündin ins Haus; heute leben dort sechs Beagles gemeinsam mit dem Autor und seiner Ehefrau Brigitte Warneke. Für beide ist es eine Selbstverständlichkeit, dass alle Hunde mit im Haus leben und hier bis zu ihrem Lebensende am Familienleben teilhaben. 1981 fiel der A-Wurf im »von Helle Berge« Zwinger, aus dem dann auch gleich der erste »von Helle Berge« Champion stammte.

Über 10 Jahre leitete der Autor die Landesgruppe Berlin des Beagle Club Deutschland e. V., zu deren Gründungsmitgliedern er gehörte.

Als Leiter für das Ausstellungswesen, später als Zuchtleiter und stellvertretender Vorsitzender war er in die Vereinsarbeit des einzigen diese Rasse vertretenden Vereins im Verband für das Deutsche Hundewesen (VDH) über viele Jahre eingebunden. Seit 1996 ist er zudem Spezialzuchtrichter für Beagles und hat die Rasse auf Ausstellungen im In- und Ausland gerichtet. Viele seiner Hunde nahmen an jagdlichen Prüfungen teil, waren im Ausstellungsring erfolgreich und tragen Sieger- und Championtitel.

© 3. Auflage 2007
Kynos Verlag Dr. Dieter Fleig GmbH
Am Remelsbach 30
54570 Mürlenbach
Tel. +49 6594 653
Fax +49 6594 452
www.kynos-verlag.de
info@kynos-verlag.de

ISBN 978-3-933228-66-6

Gesamtherstellung: SIA Printfinder, Riga, Lettland

Inhalt

1 Ursprung der Rasse

Die Geschichte

Es wird heute allgemein anerkannt, dass der Hund vom Wolf abstammt und die ersten Hunde den Menschen bei seinem Lebenserwerb, der Jagd, unterstützten. Zu dieser wohl ältesten Hundegruppe, den Jagdhunden, gehört auch der Beagle. In England zählt man ihn zu den »hounds«, bei uns gehört er in die Gruppe der Laufhunde für Niederwild.

Der Beagle ist als Meutehund sehr gesellig und kontaktfreudig. Zwei- und dreifarbige Beagles aus England.

Auch wenn die Vorfahren des Beagles aus Frankreich auf die britischen Inseln kamen, so gilt die Rasse doch als typisch britisch. 1475 erscheint das Wort »beagle«, das in seinem Ursprung wohl nichts weiter als »klein« bedeutet, erstmals in dem Buch »The Squire of Low Degree«. Anfangs stand der Begriff für alle kleinen Meutehunde, später wurde er dann zur Rassebezeichnung unserer »Beagles«.

Beagling

»Beagling«, die Jagd mit der Beaglemeute, vornehmlich auf den Hasen, war über Jahrhunderte hinweg ein in Großbritannien beliebter Sport. Da der Mensch der spurlaut jagenden Meute stets zu Fuß folgte, war die geringe Größe des Beagles seit jeher ein wesentliches Rassemerkmal. Innerhalb des vom Standard vorgegebenen Rahmens variierte die Schulterhöhe nach dem Gelände, in dem die Meuten zum jagdlichen Einsatz kamen. War dies weitgehend eben und ohne größere Hindernisse, waren Hunde mit 33 cm Schulterhöhe schnell genug, um dem Hasen zu folgen. In unwegsameren Gebieten lag die Größe der Hunde hingegen eher im Bereich der im Standard mit 16 Inch (ca. 40 cm) angegebenen oberen Größengrenze. So erklären sich die bis heute geltenden Größenfestlegungen für die Rasse Beagle auf ganz praktische Weise.

1873 wurde die Rasse Beagle vom britischen Kennel Club anerkannt, einige Jahre später gründeten die Meutehundhalter ihren eigenen Verband, die »Association of Masters of Harriers and Beagles«. Der Beagle Club von Großbritannien wurde 1890 gegründet und ist somit weltweit der älteste Verein, der diese Rasse vertritt. Im selben Jahrhundert kamen die ersten Beagles in die USA, wo sie sich zu einer der beliebtesten Haushundrassen entwickelten. Auf das europäische Festland gelangte der Beagle Mitte des 20. Jahrhunderts, in Deutschland wurde er erst in den 70er Jahren populär. 1972 wurde der Beagle Club Deutschland e.V. (BCD) gegründet, bis heute der einzige Verein unter dem Dach des Verbandes für das Deutsche Hundewesen (VDH), der sich der Förderung der Zucht dieser liebenswerten Rasse verschrieben hat.

Heute hat der BCD weit über 2000 Mitglieder und bietet mit seinen 16 Landesgruppen allen Beaglebesitzern in Deutschland ein flächendeckendes, weit gefächertes Angebot an geselligen Aktivitäten mit dem Beagle. Hierzu gehören gemeinsame Spaziergänge, Ausbildungslehrgänge, jagdliche Aktivitäten, Hundesport und Weiterbildungsangebote.

Rassestandard der FCI: Beagle

FCI-Standard Nr. 161d,
deutsche Fassung vom 24.06.1987
Ursprungsland: Großbritannien.

Allgemeines Erscheinungsbild
Ein robuster, kompakter Hund, vermittelt den Eindruck von Qualität ohne grob zu wirken.

Charakteristika
Ein fröhlicher Hund, dessen wesentliche Bestimmung es ist zu jagen, vornehmlich Hasen, indem er der Fährte folgt, unerschrocken, äußerst lebhaft, mit Zähigkeit und Zielstrebigkeit. Aufgeweckt, intelligent und von ausgeglichenem Wesen.

Wesen
Liebenswürdig und aufgeweckt, ohne Anzeichen von Angriffslust oder Ängstlichkeit.

Kopf und Schädel
Von mäßiger Länge, kraftvoll ohne grob zu sein, feiner bei der Hündin, ohne Runzeln oder Falten am Kopf. Oberkopf leicht gewölbt, mäßig breit, mit sich leicht abzeichnendem Hinterhauptbein. Deutlich ausgeprägter Stop, der die Distanz zwischen Hinterhauptbein und Nasenspiegel möglichst genau halbiert. Fang nicht spitz, angemessene Belefzung. Nasenspiegel breit, vorzugsweise schwarz, jedoch ist bei helleren Hunden eine abgeschwächte Pigmentierung statthaft. Gut geöffnete Nasenlöcher.

Augen
Dunkelbraun oder haselnussbraun, ziemlich groß, weder tiefliegend noch hervortretend, ziemlich weit von einander eingesetzt mit sanftem, gewinnendem Ausdruck.

Behang
Lang, unten abgerundet. Wenn nach vorne gezogen, fast bis zum Nasenspiegel reichend. Tief angesetzt, dünn, mit der Vorderkante anmutig an der Backe anliegend getragen.

Gebiss
Kräftige Kiefer mit einem perfekten, regelmäßigen und vollständigen Scherengebiss, wobei die obere Schneidezahnreihe ohne Zwischenraum über die untere greift und die Zähne senkrecht im Kiefer stehen.

Hals
Ausreichend lang um dem Hund mühelos das Arbeiten mit tiefer Nase auf der Spur zu ermöglichen. Leicht gebogen, mit etwas Kehlhaut.

Vorhand
Schulter gut zurückliegend, nicht überladen. Vorderläufe gerade und senkrecht unter den Hund gestellt. Gute Substanz mit runden Knochen, die zu den Pfoten hin nicht schlanker werden. Kurzer Vordermittelfuß. Feste Ellenbogen, weder ein- noch ausdrehend. Ellenbogenhöhe ungefähr die Hälfte der Widerristhöhe.

Gebäude
Rückenlinie gerade und waagerecht. Brustkorb bis unter Ellenbogen herabreichend. Rippen gut gewölbt und gut zurückreichend. Kurze Lende, jedoch gut ausgewogen, kräftig und biegsam, ohne übermäßig aufgezogen zu sein.

Hinterhand
Muskulöse Schenkel. Knie gut gewinkelt. Feste und tiefe Sprunggelenke, zueinander parallel.

Pfoten
Fest, gut geschlossen, gut aufgeknöchelt mit kräftigen Ballen. Keine Hasenpfote. Nägel kurz.

Rute
Stark, von mittlerer Länge. Hoch angesetzt, fröhlich getragen, aber nicht über den Rücken gerollt oder vom Ansatz nach vorne geneigt. Gut behaart, besonders an der Unterseite.

Gangart/Bewegung
Rücken gerade, ohne Anzeichen von Rollen. Frei, ausgreifend, weiter Vortritt. Gerade, ohne die Läufe hoch anzuheben; deutlicher Schub aus der Hinterhand. Hinterhandbewegung sollte nicht eng sein,

Vorhandbewegung nicht paddelnd oder kreuzend.

Haarkleid
Kurz, dicht und wetterbeständig.

Farbe
Jede anerkannte Houndfarbe, mit Ausnahme von leberbraun. Rutenspitze weiß.

Größe
Wünschenswerte mindeste Widerristhöhe 33cm,
wünschenswerte höchste Widerristhöhe 40cm.

Fehler
Jede Abweichung von den vorgenannten Punkten sollte als Fehler angesehen werden, dessen Bewertung in genauem Verhältnis zum Grad der Abweichung stehen sollte.

Anmerkung
Rüden sollten zwei offensichtlich normal entwickelte Hoden aufweisen, die sich vollständig im Skrotum befinden.

Zwei Rüden aus der Landesgruppe

Berlin-Brandenburg. Tricoloured und bicoloured.

2 Das Wesen des Beagles

Ein Beagle kommt ins Haus

Die Anschaffung eines Hundes - gleich welcher Rasse - ist eine verantwortungsvolle, weit reichende Entscheidung. Sind Sie sicher, dass Sie die nächsten 12 bis 15 Jahre, mit etwas Glück vielleicht auch einen noch längeren Zeitraum - unsere älteste Hündin wurde 17 - gemeinsam mit einem Hund verbringen wollen? Wenn ja, so sollten Sie die folgenden Fragen gewissenhaft prüfen, um sicher zu stellen, dass Bedingungen vorliegen, die es beiden Seiten, Mensch und Hund, ermöglichen, ihre Lebensbedürfnisse zu befriedigen und ein erfülltes, gemeinsames Leben zu führen.

Sind alle Familienmitglieder mit der Anschaffung eines Beagles einverstanden?

Es ist von größter Wichtigkeit, dass wirklich alle im Haushalt lebenden Personen die Anschaffung eines Hundes mittragen und auch bereit sind Verantwortung zu übernehmen. Als geselliger Meutehund ist der Beagle stets bemüht, zu all seinen neuen Meutemitgliedern, auch wenn diese nur über zwei Beine verfügen, in freundlichem, liebevollem Kontakt zu stehen. Gerade ein junger Beagle wird es nicht verstehen, wenn seine Zuneigung von einem Familienmitglied nicht erwidert und er ständig zurückgewiesen wird.

Haben Sie genügend Zeit, um Ihrem Beagle gerecht zu werden?

Schon der Urahne Wolf war ein Rudeltier, und auch die heutigen Haushunde bleiben nur ungern allein. Zwar muss jeder Hund lernen, über einen begrenzten Zeitraum allein im Haus oder in der Wohnung zu sein,

Beagles sind selbstbewusst und benötigen eine konsequente Erziehung, bei der alle Familienmitglieder eingebunden sein sollten.

schließlich kann man ihn nicht überall hin mitnehmen, aber keinesfalls darf es sich dabei um täglich viele Stunden handeln.

Auch die Haltung im Zwinger ist für einen geselligen Meutehund wie den Beagle nicht angemessen. Sind Sie beide berufstätig, verbietet sich die Anschaffung eines Hundes. Selbst eine Halbtagsbeschäftigung ist mit Hin- und Rückweg zur Arbeit nicht mit vier Stunden abgetan. Es ist wichtig, dass zumindest eine Person den größten Teil des Tages zu Hause ist, damit sie sich um den Hund kümmern kann. Gerade bei einem Welpen und Junghund ist dies unumgänglich, will man ihn schnell stubenrein bekommen und Schäden im Wohnbereich durch Anknabbern oder Klagen der Nachbarn wegen des »Wolfsgeheuls« vermeiden. Darüber hinaus braucht man Zeit und Lust für gemeinsame Spaziergänge. Anfangs sind diese kurz, dafür aber im zwei bis drei Stundenrhythmus nötig, kann der kleine Kerl doch noch nicht so lange durchhalten - im doppelten Sinn des Wortes! Der erwachsene Hund braucht weit mehr Bewegung, der Beagle ist ein Laufhund(!), mindestens drei Spaziergänge am Tag, von denen einer ausgedehnter sein und dem Hund die Möglichkeit zu freier Bewegung ohne Leine bieten sollte. Dies ist auch bei schlechtem Wetter notwendig. Haben Sie einen Garten, so kann ein kurzer Spaziergang schon einmal entfallen, aber die nötige Bewegung holt sich ein Einzelhund nicht in den eigenen vier Wänden und auch nicht auf dem bestens bekannten Grundstück. Kalkulieren Sie mindestens drei Stunden pro Tag ein, die Sie sich intensiv mit Ihrem Beagle beschäftigen.

Sind Sie noch immer davon überzeugt, dass ein Hund in Ihre Familie gehört? Liegt die Genehmigung des Vermieters vor, ist für den Hund auch im Urlaub gesorgt und sind Sie ganz sicher, dass es in Ihrer Familie keine Hundehaarallergiker gibt, dann prüfen Sie noch einmal ganz gründlich, ob der Beagle die richtige Rasse für Sie ist. Hierzu müssen Sie sich eingehend mit seinem Wesen auseinandersetzen.

Beagles sind gesellig und brauchen Familienanschluss.

Das Wesen des Beagles

Der Beagle ist, wie bereits erwähnt, ein Meutehund, der ursprünglich für die Hasenjagd eingesetzt wurde. Und auch wenn die meisten Beagles heute als einzelne Familienhunde gehalten werden, darf dieser Hintergrund nicht vergessen werden. Zwar sind Beagles nicht mehr ganz so eigensinnig wie früher, aber ihren eigenen Kopf und einen ausgeprägten Jagdinstinkt besitzen sie noch heute. Bei Spaziergängen in unbekannten Gebieten muss man daher immer besondere Vorsicht walten lassen, will man vermeiden, dass sich der Beagle plötzlich Spurlaut jagend davon macht. Gehen Sie mit Ihrem Hund in Gebieten spazieren, in denen Wild steht und die Jagd ausgeübt wird, egal ob dies daheim oder im Urlaub ist, so nehmen Sie Kontakt zum Revierpächter und dem Förster auf. Man wird es honorieren, wenn Sie sich und Ihren Beagle vorstellen und deutlich machen, dass Sie stets bemüht sein werden, Ihren Hund unter

Beagles sind Jagdhunde und bedürfen in Wald und Feld ständiger Kontrolle.

Kontrolle zu halten. Passiert dann doch ein Malheur, so weiß man, wohin der Hund gehört. Auch der best erzogenste Beagle verliert seinen Jagdinstinkt nicht! Einwirkungsmöglichkeiten haben Sie nur so lange, wie Ihr Beagle sich in Ihrer Nähe befindet und Sie beim ersten Anzeichen reagieren. Bemerken Sie, dass Ihr Beagle unruhig wird, mit der Nase am Boden zu suchen beginnt, ist es allerhöchste Zeit, ihn sofort zu sich zu rufen oder ihn »Platz«, noch besser »Halt/Down« machen zu lassen. Und auch dies wird nur bei einem sehr gut erzogenen Hund klappen. Hat Ihr Beagle eine frische Spur erst einmal aufgenommen und ist Spurlaut gebend davon gejagt, heißt es warten. In der Regel wird Ihr Hund nach einiger Zeit ausgepumpt und glücklich auf seiner eigenen Spur wieder zu Ihnen zurückkommen. Schimpfen macht jetzt keinen Sinn, denn er ist sich keiner Schuld bewusst und würde dieses auch nicht mehr mit dem Wegrennen verbinden. Sind Sie zu zweit, so ist es sinnvoll, dass eine

Fröhlich, kontaktfreudig und kinderlieb. Beagles nehmen kaum etwas übel.

Person dort wartet, wo der Beagle die Spur aufnahm und die zweite dem Hund folgt. Da dieser die Spur sicherlich auch immer wieder verliert und neu suchen muss, man selbst - vom Spurlaut geleitet - hier und da abkürzen kann, besteht die Möglichkeit, dem Hund so nahe zu kommen, dass man ihn heranrufen kann. Da dies alles mit viel Aufregung und auch Angst verbunden ist, gehört der Jagdhund Beagle in Gebieten, in denen Wild vermutet wird, die unübersichtlich oder unbekannt sind an die Leine. Um der sprichwörtlichen Dickköpfigkeit des Beagles erfolgreich Paroli zu bieten, bedarf es aber auch sonst erzieherischer Konsequenz. Andererseits ist der Meutehund Beagle sehr verträglich, aufgeschlossen und kontaktfreudig. Dies bezieht sich sowohl auf andere Hunde als auch auf Menschen. Er begegnet beiden freundlich und interessiert. Vor allem Kinder hat er in sein Herz geschlossen und nimmt ihnen kaum etwas übel. Besuch kommt sowieso in erster Linie seinetwegen, jedenfalls sieht er dies

so, und wird begeistert empfangen. Diese Eigenschaften - verbunden mit seiner Fröhlichkeit - machen den Beagle zum idealen Familienhund. Aber auch älteren oder alleinstehenden Menschen ist der Beagle ein liebevoller Begleiter, sofern diese ihm die nötige Zuwendung und Bewegung zukommen lassen. Dabei sind Haus und Garten von Vorteil, aber auch eine Mietwohnung reicht aus, sofern die nötigen Spaziergänge mehrmals am Tag gesichert sind. Andererseits ist es gerade seine Kontaktfreudigkeit, die den Beagle das Alleinsein als noch unangenehmer empfinden lässt, als dies bei Hunden sowieso der Fall ist. Also noch einmal! Der Beagle ist die absolut falsche Wahl, wenn der Hund regelmäßig über mehrere Stunden allein sein muss. Eine weitere auf seinen Meutehintergrund zurückgehende Eigenschaft ist die Verfressenheit des Beagles. Seien Sie darauf gefasst, dass der Beagle nicht nur erfolgreich betteln, sondern auch stehlen kann. Wer in der Meute nicht zuschlägt, verhungert - nach diesem Motto handeln auch die meisten Einzelhunde. Dies gilt sowohl für den heimischen Bereich als auch für Spaziergänge. Sie glauben kaum, was sich in Ihrer Umgebung alles finden lässt und von Ihrem Hund für schmackhaft gehalten wird. Um keine Fettrolle, keinen ständig bettelnden oder stehlenden Hund an seiner Seite zu haben, bedarf es auch hier erzieherischer Konsequenz. Füttern Sie Ihren Hund nie bei Tisch, andernfalls wird er Ihnen während der Mahlzeiten nicht mehr von der Seite weichen und seinen Anteil einfordern. Achten Sie darauf, dass alles was essbar ist, so platziert wird, dass es für den erfindungsreichen Beagle unerreichbar ist. Sicherlich kann man auch vielen Beagles das Stehlen abgewöhnen, aber leicht ist dies nicht. Probieren können Sie es, indem Sie bewusst eine Situation herbeiführen, die Ihren Beagle zum Stehlen verleitet, er sich mit der Leckerei auf dem Couchtisch allein wähnt. Bevor er seinen Diebstahl erfolgreich durchführen kann, muss ihm der Schreck in die Glieder fahren, etwa durch eine mit Glasmurmeln gefüllte Blechdose, die neben ihm »einschlägt«. Aber als schussfester Jagdhund wird sich auch hierdurch nicht jeder Beagle beeindrucken lassen. Sicherer und nervenschonender ist es allemal, alles Essbare, auch Medikamente(!), außerhalb seiner Reichweite aufzubewahren. Noch schwieriger ist es auf Spaziergängen ohne Leine. Ihr Hund weiß sehr schnell abzuschätzen, wie weit Ihre Einwirkungsmöglichkeiten gehen und dass er schneller ist als Sie. Teilweise hilft hier eine Wurfkette, die nach dem entsprechenden Kommando »Pfui« oder »Aus« neben dem renitenten, weiterfressenden Beagle »einschlägt«. Aber irgendwann wird auch bei dem wohlerzogensten Beagle der Hunger über die Erziehung siegen und er wird versuchen, seine geliebten Zweibeiner zu überlisten. Zwar nimmt der Beaglemagen nichts so schnell übel; trotzdem sollten derartige Gelegenheiten so selten wie möglich geboten werden. Seiner überragenden Nasenleistung hat es der Beagle auch zu verdanken, dass er in den Vereinigten Staaten von Amerika auf vielen Flughäfen als Suchhund im Gepäckbereich eingesetzt wird, um zum Beispiel die unerwünschte Einfuhr von Lebensmitteln zu verhindern.

Seine Charaktereigenschaften machen den Beagle ungeeignet für Menschen, die wenig Zeit haben und von Natur aus hektisch und ungeduldig sind. Auch »Gehorsamkeitsfanatiker« sollten sich die Anschaffung eines Beagles zweimal überlegen, da der stets fröhliche, unternehmungslustige und auch zu Unsinn aufgelegte, dickköpfige Beagle ihren Anforderungen nicht gerecht werden wird. Zwar lernt auch ein Beagle Grundgehorsam und bei Bedarf auch weit mehr, aber man braucht mehr Zeit und Geduld als bei Vertretern unserer Gebrauchshundrassen. Auch Menschen, denen Hundehaare auf ihrer dunkelblauen Hose aus englischem Tuch unangenehm sind, eignen sich nicht zum Beaglebesitzer. Trotz regelmäßiger Fellpflege haart auch ein Beagle, und sein kurzes Haar haftet auf Textilien vorzüglich. Und auf Körperkontakt verzichten wird Ihr Hund aus einem so nichtigen Grund kaum.

Steht der Beagle noch immer ganz oben auf Ihrer Rassehitliste? Dann geht es jetzt darum, den richtigen Züchter zu finden.

Auch mit anderen Haustieren kommen Beagles gut aus.

3 Auswahl des Beagles

Auswahl des Züchters

Die Anschaffung eines Hundes muss wohl überlegt und gründlich geplant sein, kommt doch ein Lebewesen ins Haus, das Sie für hoffentlich viele Jahre begleiten wird. Um Risiken, die bei der Anschaffung eines Tieres immer gegeben sind, möglichst gering zu halten, sollte der Kauf bei einem anerkannten Züchter erfolgen, dessen Hundehaltung vorbildlich ist und dessen Hunde gesund, wesensfest und freundlich sind.

Adressen zugelassener Züchter erhalten Sie über den nationalen Dachverband, in Deutschland den Verband für das Deutsche Hundewesen (VDH) oder direkt über den Beagle Club Deutschland (www.beagle-club.de); aber auch auf Hundeausstellungen können Sie Kontakt zu Züchtern aufnehmen. Im Internet sowie im Branchenfernsprechbuch lassen sich ebenfalls Adressen finden.

Setzen Sie sich entweder direkt mit einem Züchter Ihrer Region in Verbindung oder lassen Sie sich erst einmal die Welpenliste von der Welpenvermittlung des Vereins zuschicken. Behalten Sie im Auge, dass auch Hundevermittler und unseriöse Hundehändler versuchen, sich ein möglichst seriöses Image zu geben. Vereinbaren Sie einen Besuchstermin. Dies ist durchaus auch schon vor der Geburt der Welpen sinnvoll. Zum einen wird ein verantwortungsbewusster Züchter wissen wollen, wohin seine Welpen kommen, zum anderen erhalten Sie so die Gelegenheit, sich ein genaues Bild vom Züchter, seinen Hunden und den Aufzuchtbedingungen zu machen.

Achten Sie darauf, wie die Hunde untergebracht sind und wie sie sich Ihnen gegenüber verhalten. Sind sie kontaktfreudig und fröhlich oder zeigen sie etwa Anzeichen von Aggression und Angst? Ist das Verhältnis zwischen Züchter und Hunden von Vertrauen geprägt und bekommen die Hunde genügend Zuwendung? Sind alle Hunde gepflegt, in gutem Ernährungszustand, glänzt ihr Fell? Werden sie im Haus oder im Zwinger

Hunde kauft man nur bei einem seriösen Züchter mit vorbildlicher Hundehaltung.

gehalten? Sind auch die Liegeplätze, Zwingeranlagen und Hundenäpfe sauber? Je genauer das Bild, das Sie sich machen, desto besser. Nehmen Sie Abstand von einem Kauf, wenn Sie grobe Unzulänglichkeiten bemerken. Hunde, die nur im Zwinger leben und Menschen lediglich zur Fütterungszeit sehen, können nicht so auf den Menschen geprägt sein, wie dies für einen Hund, den Sie in Ihre Familie integrieren wollen, nötig ist. Einmal ganz abgesehen von der Unzumutbarkeit eines solchen Hundelebens überhaupt! Lassen Sie sich auf gar keinen Fall zu einem Kauf aus Mitleid hinreißen. Sie können nicht alle Hunde aus dieser Situation befreien - und der Platz, der durch den von Ihnen gekauften Hund frei wird, ist genauso schnell wieder gefüllt. Auch ein möglicher Preisvorteil sollte bei Ihrer Kaufentscheidung keine Rolle spielen. Oft ist dieser durch die Folgekosten etwa beim Tierarzt in kürzester Zeit dahingeschmolzen und der gesparte Euro wird zum Teuro.

Angebracht sind auch Fragen nach den Zuchtzielen und Erfolgen des ausgewählten Züchters, dem Verein und Dachverband, in dem er Mitglied ist, welche Anforderungen diese an Züchter und Zuchthunde stellen und welche Kontrollen durchgeführt werden. Erkundigen Sie sich auch nach bisheriger Nachzucht und dem ausgewählten Deckrüden. Züchter, die nichts über Sie wissen wollen, sind ebenfalls mit Vorsicht zu genießen. Verantwortungsbewusste Züchter sind am Wohlergehen der von ihnen gezüchteten Hunde interessiert und fragen nach der Ihnen zur Verfügung stehenden Betreuungszeit und dem zukünftigen Umfeld ihrer Welpen. So erhielt meine Frau nach einem intensiven Beratungsgespräch folgendes Kompliment: »Es ist ja leichter ein Kind zu adoptieren als bei Ihnen einen Hund zu kaufen!« Die Adoption kam dann aber doch zustande. Achtung auch bei Züchtern, die angeblich nur Sieger und Champions züchten, Sie kaufen ein Lebewesen, dessen Entwicklung von vielen Einflüssen abhängt und derartige Voraussagen sind schlicht leichtfertig.

Gut geprägte Tiere sind kontaktfreudig und gesellig, ohne Anzeichen von Aggression oder Ängstlichkeit.

Reine Zwingerhaltung ist abzulehnen.

Haben Sie den Beaglezüchter gefunden, der Ihren Anforderungen entspricht? Und haben auch Sie vor seinen Augen bestehen können? Erläutern Sie dem Züchter dann Ihre Wünsche hinsichtlich Geschlecht und Farbe, sofern diese für Sie von Bedeutung sind. Verabreden Sie mit ihm, dass er Sie umgehend nach der Geburt der Welpen informiert.

Rüde oder Hündin?

Immer wieder hört man, dass Hündinnen leichter zu erziehen sind, sich besser unterordnen und verschmuster seien als Rüden. Dies mag in vielen Fällen auch zutreffen. Allerdings kann ich dies aus eigener Erfahrung nicht bestätigen. Wir haben in den letzten Jahren immer sechs bis sieben Beagles mit uns im Haus gehabt, davon mindestens zwei Rüden. Nie hat es Streit unter ihnen gegeben und vor allem bei den Spaziergängen sind unsere Rüden unproblematischer als unsere Hündinnen - fremden Hunden gegenüber gelassener und nicht ganz so gierig auf Futtersuche. Rüden sind in der Regel etwas größer und vor allem schwerer als Hündinnen. Da der Standard als wünschenswerte Unter- und Obergrenze 33 cm beziehungsweise 40 cm festlegt, sind aber auch innerhalb des gleichen Geschlechts erhebliche Unterschiede möglich. Allerdings sind die meisten Rüden in Großbritannien und Deutschland über 38 cm hoch. Hat man einen jungen, bewegungsfreudigen Rüden an der Leine, dessen Führigkeit noch zu wünschen lässt, merkt man den Unterschied.

Hündinnen sind meist etwas kleiner und leichter, schließlich soll man beide auch ohne Blick unter den Bauch unterscheiden können. Sie werden in der Regel zweimal im Jahr heiß. Die Läufigkeit dauert etwa drei Wochen, in denen die Hündin anfangs recht blutigen, später helleren Ausfluss hat. Und gerade dieser helle, manchmal kaum noch bemerkbare Ausfluss ist zusammen mit dem seitlichen Wegklappen der Rute typisch für die so genannten Stehtage der Hündin, an denen sie deckbereit ist. Jetzt ist besondere Vorsicht und Aufmerksamkeit geboten, will man einen unerwünschten Deckakt vermeiden.

Entscheidend für die Wahl des Geschlechts kann auch Ihr Umfeld sein. Sie haben einen Platz, an dem Sie Ihren Hund im Notfall oder auch einmal während des Urlaubs lassen können und wo ebenfalls ein Hund lebt? Beagles sind sehr verträglich; von daher sollte es keine Probleme geben. Aber denken Sie daran, dass Hündinnen heiß werden. Hier ist es von Vorteil, wenn Ihr Hund das gleiche Geschlecht hat wie der Hund der Gastfamilie.

Welpen brauchen ihre Mutter bis zum Ende der achten Woche, um sich artgerecht entwickeln zu können.

Nicht aus jedem Welpen wird ein Champion. Bei ihm hat es geklappt.

Siegerrüde und -hündin im Ausstellungsring.

Die Farbe

Beagles gibt es in vielen unterschiedlichen Farbvariationen. Diese Vielfalt trägt ohne Zweifel zur Attraktivität der Rasse bei und macht jeden Beagle zu einem einzigartigen Individuum. Wir unterscheiden zuerst einmal die dreifarbigen von den zweifarbigen Beagles.

Dreifarbige Hunde (tricoloured) haben schwarze, braune und weiße Haare. Auch heute noch ist der dreifarbige Beagle mit weißer Blesse und schwarzem Sattel bei Rasseanfängern besonders bekannt und beliebt. Allerdings behalten längst nicht alle Welpen ihren nach der Geburt pechschwarzen Rücken. Häufig hellt dieser mit zunehmendem Alter auf. Sehr attraktiv sind auch dreifarbige Beagles mit unregelmäßigen Platten auf weißem Grund.

Zweifarbige Hunde (tan and white), deren Farbnuancen von tiefem kupferrot (red and white) oder braun mit weiß bis hin zu weißen Hunden

Tricolourrüde mit schwarzer Decke.

mit zitronengelben Flecken auf weißem Untergrund (lemon and white) reichen, sind ebenfalls sehr ansprechend. Zweifarbige Welpen sind nach der Geburt fast weiß, da das Braun erst mit der Zeit auspigmentiert.

Daneben gibt es - weit seltener als die oben angeführten Farbschläge - Hunde mit meliertem Fell, im Englischen »pied« genannt. Diese haben neben den einfarbigen weißen, schwarzen und braunen auch mehrfarbige Haare. Bei den dreifarbigen »hare pieds« oder »badger pieds«, also den hasen- oder dachsfarbenen Hunden, treten auch braune oder graue Haare mit schwarzer Spitze auf, bei den zweifarbigen »lemon pieds« weiße Haare mit cremefarbenem Anteil. Die dreifarbigen Welpen dieses Farbschlages zeigen häufig gleich nach der Geburt einen dunklen Streifen auf der Rückenmitte, da hier vermehrt dunkle Haare auftreten. Der ansonsten schwarze Nasenschwamm ist bei diesen Hunden zur Mitte hin meist etwas aufgehellt.

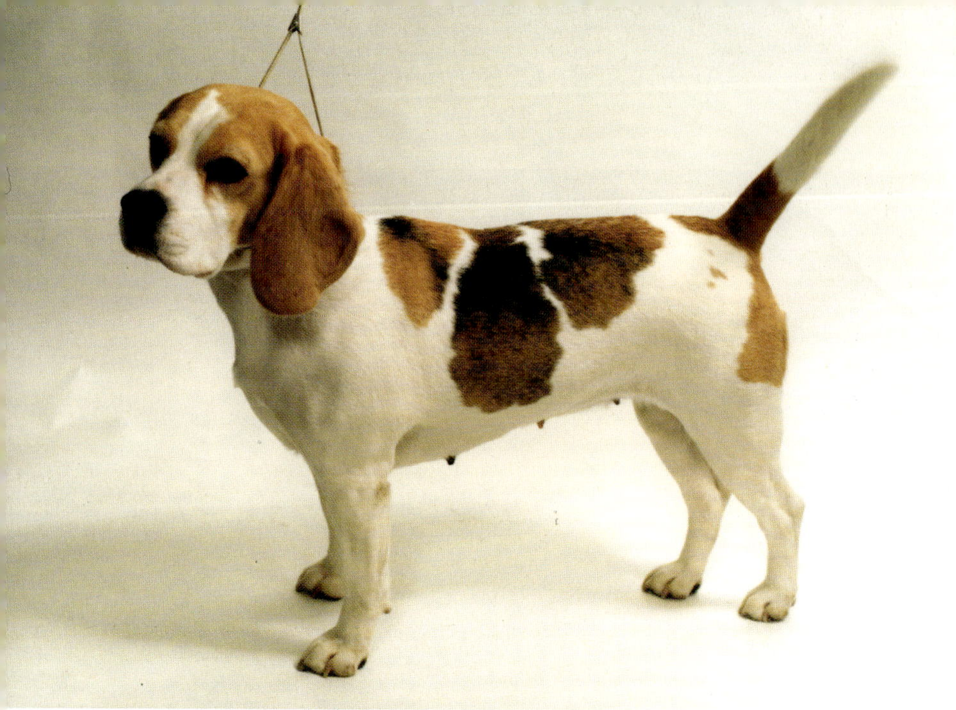

Tricolourhündin mit schwarz-braunen Platten.

Zweifarbige Welpen, hier tan and white, werden im Alter farbintensiver.

Der melierte Effekt (»pied«) wird durch braune Haare mit schwarzen Spitzen hervorgerufen.

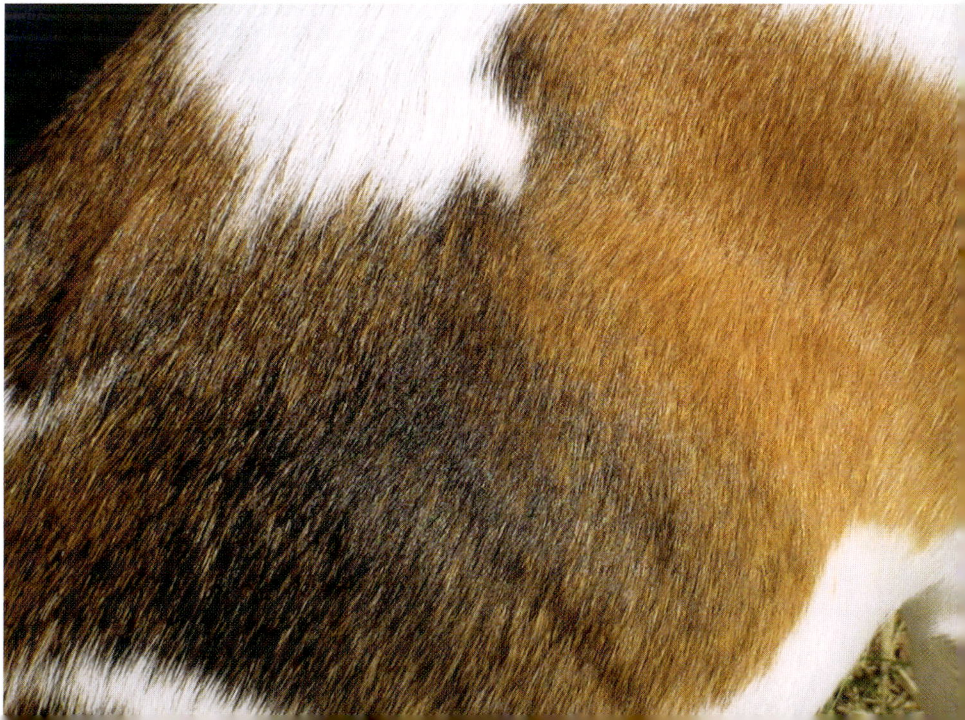

Blue fawn and white. Das Schwarz wird später zu einem dunklen Graublau.

Dreifarbige Welpen sind bei der Geburt fast schwarz/weiß. Zweifarbige Welpen sind fast weiß und gewinnen zunehmend an Farbintensität.

Die gesprenkelten »mottles«, die auch zwei- oder dreifarbig sein können, sind ebenfalls recht selten. Welpen dieses Farbschlages können nur fallen, wenn wenigstens ein Elternteil diese Farbgebung zeigt.

Von »blue, fawn and white«, »blau, falb und weiß«, spricht man, wenn der Schwarzbereich aufgehellt und von graublauer Farbe ist. Diese Hunde haben meist schieferfarbene Nasenspiegel und leider oft recht helle Augen.

Von der Zucht ausgeschlossen ist allein »liver-fawn-and-white«, da dieser leber- oder schokoladenfarbene Braunton mit einer den sanften, rassetypischen Ausdruck beeinträchtigenden hellen Augenfarbe einhergeht.

Vom Standard her gefordert wird grundsätzlich die weiße Rutenspitze, die dazu beiträgt, den Hund auch im Gelände leichter auszumachen.

Letztlich aber ist die Farbe ein vergleichsweise unwichtiges Kriterium beim Hundekauf. Oder haben Sie Ihren Lebenspartner nach dessen Haarfarbe auserwählt?

Ein älterer Hund

Da Beagles auch im fortgeschrittenen Alter anpassungsfähig und aufgeschlossen sind, fügt sich auch ein älterer Hund gut in die Familie ein und fühlt sich wohl, wenn er emotional angenommen ist und seine Streicheleinheiten und sein Futter erhält. Der Nachteil besteht darin, dass man einen in sich schon gefestigten Hund bekommt, der bei seinem Vorbesitzer unter Umständen Verhaltensweisen verfestigt hat, die Sie nicht tolerieren möchten. Hier bedarf es dann Geduld und Einfühlungsvermögen, bis eine erfolgreiche Umerziehung abgeschlossen ist. Andererseits dürften Sie einen Hund erwerben, der schon stubenrein ist und über eine gewisse Grunderziehung verfügt. Klären Sie bei der Anschaffung eines älteren Hundes genau ab, wo dieser herkommt, wie er bisher aufgewachsen ist und erzogen wurde und weshalb die Trennung erfolgt. Ältere Beagles werden auch über den Beagle Club vermittelt. Hunde aus Tierheimen benötigen oft längere Zeit um sich einzufügen und an die neuen Verhältnisse anzupassen. Für ehemalige Laborhunde gilt dies in noch stärkerem Maße. Hier ist Zeit sowie Geduld und nochmals Geduld erforderlich, um Ängste zu nehmen und die Hunde an die neuen Umweltbedingungen zu gewöhnen. Im wahrsten Sinne ein 24 - Stunden - Job. Umso größer ist dann aber auch die Freude, wenn aus dem ehemaligen Laborbeagle ein freier, anhänglicher Begleiter wurde, der Ihnen seine Dankbarkeit bis an sein Lebensende zeigen wird.

Die Welpenwahl

Nachdem der Züchter Ihnen mitgeteilt hat, dass der Wurf gefallen ist und Sie einen Welpen bekommen können, sollten Sie einen Besuchstermin ausmachen. Der Züchter wird wissen, wie alt die Welpen sein müssen, bevor seine Hündin Besucher ohne Aufregung akzeptiert. Schauen Sie sich dann die Mutter mit ihren Welpen an. Alle müssen sauber und gepflegt sein, die Welpen gut genährt, mit glänzendem Fell und von lebhaftem Wesen. Ängstliche Welpen sind rasseuntypisch und werden auch in der Zukunft Probleme bereiten.

Bei der Auswahl des Welpen wird Sie der Züchter beraten und gegebenenfalls auch einschränken, schließlich können nicht alle Interessenten denselben Welpen bekommen. Möchten Sie Ihren Hund später ausstellen oder mit diesem züchten, so informieren Sie den Züchter darüber, damit dies bei der Welpenwahl berücksichtigt wird. Kein Züchter wird nur viel versprechende Ausstellungskandidaten unter seinen Welpen haben. Glauben Sie auch nicht, der Welpe, der beim ersten Besuch am schnellsten auf Sie zugelaufen kommt, habe Sie als zukünftiges Herrchen oder Frauchen auserwählt; beim nächsten Mal mag die Reihenfolge eine

Hier fällt die Welpenwahl nicht leicht.

ganz andere sein. Wirklich wichtig ist, dass Sie Vertrauen zum Züchter haben und die Welpen lebhaft, gut genährt, fröhlich und lebendig sind. Lassen Sie sich aber nie zu einem Kauf drängen, wenn Sie sich nicht wirklich sicher sind. Und schreiben Sie sich zu Hause alle Fragen auf, die Sie mit dem Züchter noch abklären möchten.

Häusliche Vorbereitungen

Bevor Sie Ihren Welpen nach Hause holen, sollten Sie Ihr Heim so hundefreundlich wie möglich gestalten. Der Garten muss wirklich ausbruchsicher sein, auch für einen so kleinen Kerl, wie es Ihr neugieriger, unternehmungslustiger Beaglewelpe am Anfang nun einmal ist. Soll es Zimmer geben, die dem Welpen nicht zugänglich sein sollen; gibt es Treppen, die für ihn noch zu gefährlich sind? Hier sind Babygitter eine sinnvolle Sperre. Vielleicht räumen Sie Ihren wertvollen Perser und die Ming-Vase beiseite. So gut wie möglich verstecken und unzugänglich machen sollten Sie jede Art von elektrischen Kabeln, die von Welpen schon einmal für eine Kaustange gehalten werden. Vielleicht begeben Sie sich einmal auf die Knie, um Ihre Wohnung aus der Hundeperspektive zu betrachten.

Der Schlafplatz

Überlegen Sie sich, wo der Hund seinen Schlafplatz haben soll. Da Sie nicht davon ausgehen können, dass er von Anfang an nachts durchhält, sollte dies in einem Bereich mit leicht zu reinigendem Fußboden sein. Möchten Sie Ihren Hund nicht im Schlafzimmer haben und schon gar nicht im Bett, so lassen Sie ihn trotz Mitleid erweckendem Gejammer dort von Anfang an nicht hinein. Er wird nicht verstehen, wenn er nach der Eingewöhnungsphase plötzlich mit den Worten hinauskomplimentiert wird: »Jetzt bist Du aber alt genug .!«

Als Lager sind zu Beginn Weidenkörbe genauso ungeeignet wie Schaumstoffbetten. Ihr Beagle wird diese in kürzester Zeit angenagt oder zerlegt haben. Warten Sie damit, bis er seine jugendliche Knabberlust abgelegt hat. Anfangs reicht ein stabiler Pappkarton oder aber eine Holzkiste, sofern diese aus unbehandeltem Holz, nicht etwa aus Pressspan ist. Auch ein Klappkäfig tut gute Dienste. Als Unterlage eignen sich waschmaschinenfeste Polyesterfelle, die Sie im Fachhandel und auf großen Hundeausstellungen erwerben können (Typ Vet-Bed), oder aber im

Plastikwannen sind leicht zu reinigen und weitgehend kaufest.

Sanitätshaus (Antidekubitus-Unterlagen). Diese sind nicht gerade billig, aber dafür auch fast unverwüstlich.

Der Hundekäfig

Schrecken Sie nicht zusammen, es geht nicht um die Käfighaltung bei Legehennen. Ein zusammenklappbarer Gitterkäfig ist vielseitig einsetzbar und von unschätzbarem Nutzen. Mit einer Decke versehen bietet er dem Welpen die geliebte Schutzhöhle, in die er sich zum Ruhen zurückziehen kann. Nirgendwo sonst ist der Hund auf Autofahrten so sicher untergebracht und wird auch bei einer Notbremsung nicht zum Geschoss. Und beachten Sie die strahlenden Augen des Hoteliers, wenn er sieht, dass Sie den Käfig auf Ihr Zimmer tragen. Auch bei der Sauberkeitserziehung kann ein Käfig gute Dienste leisten. Es muss allerdings sichergestellt sein, dass der Hund, wenn er sich meldet, weil er sich lösen muss, auch gehört und sogleich nach draußen gebracht wird, wo er dann sein »Geschäft« erledigt, ohne sein Lager zu beschmutzen. Auch während kurzer Erledigungen kann der Hund hier untergebracht werden. Geben Sie ihm einen Kauknochen oder sein Lieblingsspielzeug mit in den Käfig und er wird dort auf Sie warten ohne zu jammern oder Schaden anzurichten. Wichtig ist, dass der Aufenthalt im Käfig nie als Strafe empfunden wird und nicht zur dauerhaften Verwahrung dient. Um auch dem ausgewachsenen Beagle genügend Platz zu bieten, sollte der Käfig etwa 70 cm lang, 50 cm breit und 60 cm hoch sein.

Ein Hundekäfig bietet zu Haus und auf Reisen große Vorteile.

Halsband und Leine

Lassen Sie sich bei der Größe von Ihrem Züchter beraten. Mit acht Wochen benötigt Ihr Welpe sicherlich ein Halsband, das stabil, aber nicht zu hart sein sollte - weiches Leder ist empfehlenswert - von ca. 28 - 30 cm Länge. Kein Zughalsband! Als Leine empfiehlt sich eine in der Länge verstellbare Lederleine mit einem nicht zu schweren Karabiner. Rollleinen sind für das Erlernen der Leinenführigkeit ungeeignet, weiß der Hund doch nie, wo die Leine zu Ende ist. Sie erfüllen ihren Zweck im Gelände, wo Sie Ihren Hund wegen in der Nähe stehenden Wildes oder nahe gelegener verkehrsreicher Straßen nicht ableinen können, er aber mehr Bewegungsfreiheit haben soll.

Es gibt Gegenden, wo Sie Ihren Jagdhund nicht von der Leine lassen sollten.

Spielzeug

Hunde, vor allem Welpen, lieben Spielzeug. Leider gibt es im Fachhandel aber auch ungeeignete, teilweise sogar gefährliche Produkte. Denken Sie daran, dass Ihr Welpe nadelspitze Milchzähne hat, mit denen er weiche Kunststoffprodukte in kleine Teile zerlegt, die beim Abschlucken Probleme verursachen können. Geeignet sind harte, kaufreundliche Nylonknochen, dicke Seile, mit denen man Tauziehen spielen kann oder Textilprodukte ohne Knöpfe und Füllungen. Das beste Spielzeug lässt sich selbst herstellen. Ein Tennisball, in eine Baumwollsocke gesteckt und verknotet, lässt sich hervorragend umherwerfen, apportieren und um die Ohren schlagen. Ein Stück Jeansstoff oder Geschirrtücher (Baumwolle!) mit ein, zwei Knoten versehen eignen sich genau so gut zum Spielen wie Eierkartons aus Pappe oder die Pappkerne von Küchen- und Toilettenpapierrollen. Gut geeignet für eine längere Beschäftigung und zur Zahnpflege sind auch Büffelhautknochen und Kauhufe.

Futter und Näpfe

Vom Züchter sollten Sie einen Futterplan mit auf den Weg bekommen haben, an den Sie sich unbedingt halten sollten. So viel Neues stürmt auf den Welpen jetzt ein, dass er sich nicht auch noch mit einer Futterumstellung auseinandersetzen muss. Wir geben unseren Welpenkäufern Futter für die erste Zeit mit, um für Kontinuität zu sorgen. Dies gilt aber nicht für Frischfleisch.

Näpfe benötigt Ihr Hund zwei. Den Wassernapf, der ihm immer zur Verfügung stehen sollte; gut geeignet hierfür sind schwere Keramiknäpfe und - für Beagle ganz wichtig! - den Futternapf. Hierfür sind konische Edelstahlnäpfe, die sich gut reinigen lassen und bei denen die langen Beagleohren nicht ins Futter dippen, ideal.

Sinnvolles, ungefährliches Spielzeug ist für Welpen und Junghunde wichtig.

Schon als Welpe frisst der Meutehund Beagle nach dem Motto: »Wer zu spät kommt, der muss hungern.«

4 Ein Beagle kommt ins Haus

Der Welpe wird abgeholt

Schon bei Ihrem letzten Besuch sollten Sie ein Stück Decke und gegebenenfalls auch das Halsband beim Züchter gelassen haben. So kann sich Ihr Welpe während des Spiels mit seinen Geschwistern schon etwas an diese furchtbare Halskrause gewöhnen und nimmt mit der benutzten Decke den vertrauten Geruch seiner Mutter und Geschwister mit in sein neues, noch so fremdes Zuhause. Vielleicht haben Sie Ihre Mitbewohner über den zu erwartenden Familienzuwachs informiert und für eventuelle, anfängliche Störungen um Verständnis gebeten. Mit einem Foto Ihres Welpen und einem netten Spruch am Info-Brett im Hausflur kann man die Neugier der Nachbarn befriedigen und sie besänftigen, falls das Klagelied Ihres Welpen einmal zu laut wird. Planen Sie die Rückfahrt so, dass Ihrem Beagle in seinem neuen Zuhause noch möglichst viel Zeit zur Eingewöhnung zur Verfügung steht, bevor es ins Bett geht. Wir füttern unsere Welpen nicht kurz vor der Reise. Trotzdem sollten Sie für alle Eventualitäten gewappnet sein und neben einem Handtuch auch eine Rolle Küchentücher dabei haben. Auch sollten Sie den Welpen nicht allein abholen. Die Fahrt ist weit entspannter, wenn sich eine Person ständig um den Welpen kümmern kann, der viel zu aufgeregt ist, um jetzt zu schlafen.

Der Züchter übergibt Ihnen nun die notwendigen Unterlagen. Neben einer Ausfertigung des von beiden Seiten unterschriebenen Kaufvertrags erhalten Sie die Ahnentafel, den Impfpass, in dem auch die nächsten Impftermine vermerkt sein sollten, den vom Zuchtwart ausgefüllten Wurfabnahmebericht, in dem der Zustand der Welpen und der Mutterhündin vermerkt ist sowie den Futterplan. Lassen Sie sich vor der Abfahrt noch einmal zeigen, wie man einen Welpen auf den Arm nimmt und sicher hält. Und nach den Abschiedsfotos kann es dann endlich losgehen.

Gibt es schon einen erwachsenen Hund im Haus, fällt die Eingewöhnung leichter.

Zu Hause angekommen sollten Sie den Welpen, nachdem er die Möglichkeit hatte sich zu lösen, mit seinem neuen Heim vertraut machen. Lassen Sie ihm hierfür Zeit. Sorgen Sie dafür, dass Verwandte und Bekannte nicht gleich am ersten Tag über den Familienzuwachs herfallen. Machen Sie Ihren Kindern klar, dass der Welpe seine Ruhephasen braucht, in denen er nicht gestört werden darf. Schärfen Sie kleineren Kindern ein, dass sie den Welpen nicht hoch heben dürfen. Vermeiden Sie häufiges Hochnehmen und setzen Sie sich zum Spielen mit dem Hund auf den Boden anstatt ihn auf das Sofa zu heben.

Der Neuankömmling.

Ungestörter Schlaf ist für die gesunde Entwicklung eines Welpen wichtig.

Die erste Nacht

Die ersten Nächte sind für Ihren Beagle eine harte Zeit. Er vermisst seine Mutter und die Wurfgeschwister, fühlt sich allein und verlassen, kann nicht verstehen, weshalb er die Nächte getrennt von seinen neuen Meutemitgliedern verbringen muss. Vielleicht hilft ihm die Decke mit dem vertrauten Geruch etwas über die Einsamkeit hinweg, manchmal hilft auch ein tickender Wecker, eine Wärmflasche unter der Decke oder leise Musik. Trotzdem wird Ihr Welpe nachts jammern. Bleiben Sie ruhig, irgendwann wird er müde und einschlafen. Merkt der Welpe, dass sein Weinen von Erfolg gekrönt ist, ihm gar den Einzug ins Schlafzimmer ermöglicht, wird er dies immer wieder versuchen.

Erziehung zur Stubenreinheit

Wie lange es dauert, bis Ihr Hund stubenrein ist, haben Sie zu einem großen Teil selbst in der Hand. Je aufmerksamer Sie Ihren Hund beobachten, je schneller Sie reagieren, desto größer der Erfolg. Wenn Sie sehen, dass der Welpe unruhig mit der Nase am Boden hin und her läuft, ist Eile geboten. Nehmen Sie ihn hoch und tragen Sie ihn dort hin, wo er sich lösen soll. Bleiben Sie so lange mit ihm draußen, bis sich der Erfolg eingestellt hat und loben Sie ihn anschließend überschwänglich. Benutzen Sie immer die gleichen Kommandos, damit der Hund lernt, was Sie von ihm erwarten. Nach jeder Mahlzeit, nach jeder Schlafphase muss der Kleine sofort nach draußen gebracht werden. Und jeder erfolgreiche Versuch wird von Lob begleitet.

Jedes Mal, wenn Ihr Welpe wach wird, sollten Sie mit ihm ins Freie gehen, damit er sich lösen kann.

Über Nacht wird es etwas länger dauern, bis Ihr Hund durchhält. Stellen Sie den Wassernapf am Abend weg, gehen Sie - bevor Sie selbst ins Bett gehen - noch einmal zum Lösen mit ihm vor die Tür. Wenn Sie am Morgen wach werden, sollten Sie als Erstes mit ihm hinausgehen. Hunde haben ein vorzügliches Gehör. Und so wird auch Ihr Welpe sofort mitbekommen, dass Sie aufstehen. Gehen Sie erst zur Morgentoilette ins Bad, wird er das gleiche tun. Also immer zuerst mit dem Hund vor die Tür. Ist über Nacht ein Unglück passiert, schimpfen Sie nicht mit ihm, Ihr Hund weiß nicht, weshalb Sie böse auf ihn sind. Nur wenn Sie ihn direkt bei einer Untat erwischen, kann der Hund Ihre Reaktion mit seinem Tun verknüpfen. Und in diesem Fall ist deutliches Schimpfen auch unbedingt geboten.

Hören Sie Ihren Hund nachts an der Tür kratzen oder jammern, kann dies ein Zeichen sein, dass er hinaus muss. Reagieren Sie schnell, achten Sie aber darauf, dass das nächtliche Hinausgehen nicht zur Gewohnheit wird. Falls Sie aufstehen, bringen Sie Ihren Welpen sofort nach dem Lösen wieder auf seinen Schlafplatz, spielen Sie auf gar keinen Fall mit ihm - er hätte es sicher gerne, aber dies dann auch in Zukunft. Und wer hält das schon ein Jahr lang aus? Es gibt Hundehalter, die nachts anfangs alle zwei, drei Stunden mit dem Hund hinaus gehen. Ich habe dies nie getan, zum einem fehlt mir hierfür die Kondition und andererseits besteht durchaus die Gefahr, den Hund an diesen Rhythmus zu gewöhnen.

Trotzdem, je weniger Gelegenheit Sie Ihrem Welpen geben, sich im Haus zu lösen, desto schneller wird er wissen, worum es geht und Ihnen anzeigen, dass er nach draußen muss.

Erziehung zum Grundgehorsam

Gleich in den ersten Tagen wird mit der Erziehung begonnen. Ihr Welpe muss lernen, dass bestimmte Dinge verboten sind. Fehlverhalten wie das Anknabbern der Möbel wird mit einem strengen »pfui« unterbunden. Nehmen Sie Ihren Hund nicht auf den Schoß, wenn Sie auf der Couch sitzen. Er wird dann auch bald versuchen, allein hinauf zu kommen. Und selbst wenn Sie dies nicht stört, ist vor allem das Hinabspringen für den kleinen Hund noch gefährlich. Setzen Sie sich zum Spielen auf den Boden und unterbinden Sie jeden Versuch Ihres Hundes, auf Sessel oder Sofa zu gelangen. Wichtig bei der Erziehung ist Konsequenz, verbunden mit wenigen, möglichst klaren Kommandos, die von allen an der Erziehung Beteiligten gleich angewandt werden müssen. Die Übungen sollten über den ganzen Tag verteilt sein und jeweils nur kurze Zeit in Anspruch nehmen. Versuchen Sie, dem Hund die Übung interessant und schmackhaft zu machen und beenden Sie jede Lektion möglichst mit einem Erfolg, der jedes Mal entsprechend gelobt wird.

Als Meutehund ist der Beagle bereit, sich ein- und auch unterzuordnen. Achten Sie darauf, dass die Rangordnung »erst die Menschen, dann der Hund« immer eindeutig ist und bestehen bleibt. Sie als »Meuteführer« entscheiden, wann geübt, gestreichelt und gespielt wird. Sie gehen mit

Jeder Hund muss lernen, auch einmal einige Zeit allein zu bleiben.

dem Hund spazieren, bestimmen Richtung und Tempo. Sie geben die Kommandos und achten darauf, dass diese auch durchgeführt werden. Der Beagle ist zwar lernfähig und -willig, aber auch dickköpfig. Lassen Sie ihm Unsitten daher nicht durchgehen, auch dann nicht, wenn Sie einmal keine Zeit oder Lust zum Eingreifen haben. Der pfiffige Beagle wird sich dies sofort merken und bei der nächsten Gelegenheit wieder versuchen. Für ihn gilt: »Einmal verboten ist einmal verboten, einmal erlaubt ist immer erlaubt.« Erhält der von Natur aus verfressene Beagle nur einmal bei Tisch ein Leckerle, so wird er daraus schließen: »Und Betteln lohnt sich doch!«

Nicht viel anders ist dies auch bei den Gehorsamkeitsübungen. Seien Sie also konsequent. Ihre Familie, Freunde und Gäste und nicht zuletzt Ihr Beagle werden es Ihnen danken. Achten Sie darauf, dass diese Erziehungsprinzipen von allen Familienmitgliedern eingehalten werden. So lieb unser Beagle auch ist, sein Platz ist am unteren Ende der Leiter. Alles andere würde er schamlos und rücksichtslos ausnutzen und sich zum kleinen Haustyrannen entwickeln.

Das Alleinbleiben

Kein Hund bleibt gern allein, schon gar nicht ein geselliger Meutehund wie der Beagle. Trotzdem gibt es immer wieder Anlässe, bei denen der Hund nicht mitkann. Und dies muss von der ersten Woche an geübt werden. Wählen Sie einen Zeitpunkt, etwa nach einem längeren Spaziergang oder einer ausgiebigen Spielphase, und beginnen Sie mit kurzem Wegbleiben. Verabschieden Sie sich von Ihrem Hund immer mit den gleichen Worten. Entfernen Sie sich so, dass Ihr Beagle Sie nicht hören oder riechen kann, Sie etwaiges Protestverhalten wie Jaulen, Kratzen an der Tür aber wahrnehmen können. Protestiert Ihr Hund über längere Zeit, begeben Sie sich zurück und tragen ihn schimpfend auf seinen Platz. Es ist durchaus legitim, dem Hund zur Ablenkung während seines Alleinseins einen Kauknochen oder auch ein spezielles Spielzeug, in dessen Höhlung man Leckerli verstecken kann, zu geben, um ihn zu beschäftigen und froh zu stimmen. Beagles sind ja so verfressen! In Erwartung eines derartigen Leckerbissens rannte eine unserer Junghündinnen regelmäßig in ihren Käfig, wenn sie sah, dass sich meine Frau zum Einkaufen fertig machte. Und man konnte ihr ihre Enttäuschung ansehen, wenn der Käfig nicht zugemacht wurde, weil ich auch noch zu Hause war und der ersehnte Leckerbissen ausblieb.

Leinenführigkeit

Gewöhnen Sie Ihren Welpen an das Halsband, in dem Sie ihm dieses vor den Mahlzeiten und Spielphasen anlegen. Das Halsband muss so fest sitzen, dass der Hund sich durch plötzliches Rückwärtsziehen dieses nicht abstreifen kann, darf ihn aber auch nicht strangulieren. Zwischen Halsband und Hundehals sollte gerade ein Finger passen.

Bei den ersten kurzen Spaziergängen sollten Sie möglichst zu zweit sein. So kann einer etwas voraus gehen und den Welpen locken, sofern dieser sich in der fremden Umgebung noch zu verunsichert fühlt. Ziehen Sie ihn niemals an der Leine hinter sich her. Ein sanfter Ruck muss reichen, auch Überredung und Bestechung sind erlaubt. Mit der Zeit werden die Spaziergänge länger, der Welpe unternehmungslustiger. Beginnt der Welpe dann an der Leine zu ziehen, weil ihm Ihr Grundtempo zu langsam ist, unterbinden Sie dies sofort. Ihr Beagle muss von Anfang an lernen, dass Sie Tempo und Richtung angeben und dass es nur voran geht, wenn er an Ihrer Seite bleibt.

Der Hund soll neben Ihnen an der Leine laufen ohne zu ziehen.

Erziehung zum Grundgehorsam / Die wichtigsten Kommandos

»Fuß«

Diese Übung erfolgt anfangs selbstverständlich nur an der Leine. Achten Sie bereits im Haus darauf, dass der Hund keine Erfolgserlebnisse durch Ziehen an der Leine hat. Haben Sie dem Hund Halsband und Leine (in »Sitz-Position«) angelegt, öffnen Sie die Tür. Bestehen Sie darauf, vor dem Hund hindurch zu gehen. Will er schnell voraus, ziehen Sie ihn zurück, schließen die Tür wieder und beginnen erneut. Entsprechend verfahren Sie im Freien. Sowie Ihr Hund anfängt zu ziehen, halten Sie an, gehen ein paar Schritte zurück und ziehen den Hund mit dem Kommando »Fuß« vorsichtig zu sich heran. Nach kurzer Zeit wird er gelernt haben, dass Ziehen nicht zum Erfolg führt, ihn nicht voran oder an das gewünschte Ziel bringt. Verlieren Sie nie die Geduld und verstärken Sie erwünschtes Verhalten, indem Sie dieses immer wieder belobigen.

»Sitz«

Dieses Kommando lernt Ihr Welpe am schnellsten, wenn Sie es anwenden, sobald sich der Hund setzt. Dies passiert, während Sie das Futter vorbereiten oder im Sessel sitzen und er von Ihnen gestreichelt werden will. Sobald Sie sehen, dass sich Ihr Hund setzt, kommt Ihr Kommando »Sitz«. Bevor Sie ihm das

»Sitz« wird erst zu Hause geübt, dann draußen an der Leine. Vor jedem Überqueren einer Straße muss der Hund die Position »Sitz« einnehmen.

Futter hinunterstellen oder ihn anleinen, lassen Sie ihn »Sitz« machen. Und ganz wichtig! Jedes Mal, bevor Sie mit dem angeleinten, später auch frei laufenden Hund die Straße überqueren, lassen Sie ihn am Straßenrand in die »Sitz-Position« gehen. Der Hund muss verinnerlichen, dass es nur nach erfolgtem »Sitz« und neuem Kommando möglich ist, die Straße zu überqueren, ohne dass es ernsthaft Ärger gibt. Dies ist bei der heutigen Verkehrssituation lebenswichtig.

Führt der Hund das Kommando anfangs noch nicht ohne weitere Hilfe aus, unterstützen Sie es, indem Sie die Leine in die rechte Hand nehmen und leicht nach oben ziehen, während Sie mit Ihrer anderen Hand den links neben Ihnen stehenden Hund mit leichtem Druck auf die Hinterhand in die gewünschte Position bringen. Dazu erfolgt das Kommando »Sitz« und ein kurzes Lob bei erfolgreicher Durchführung.

»Platz«

Um den Hund in die »Platz-Position« zu bringen, lassen Sie ihn zuerst »Sitz« machen. Knien Sie sich am besten neben Ihren Hund und ziehen Sie ihm vorsichtig die Vorderläufe nach vorn bis er liegt. Halten Sie ihn durch leichten Druck auf den Nacken für einige Augenblicke in dieser Stellung. Anschließend wird der Hund ausgiebig gelobt. Eine andere Möglichkeit, Ihren Hund in die »Platz«-Position zu bringen besteht darin, dass Sie ihm

Die »Down« oder »Halt« Position ist für den jagdlichen Einsatz wichtig.

in der »Sitz-Position« mit einer Hand ein Spielzeug oder Leckerli vor die Nase halten und die Hand nach unten, Richtung Boden bewegen. Mit deranderen Hand üben Sie wieder einen leichten Druck auf den Nacken aus. Danach wird wieder gelobt.

»Down/Halt«

Die »Down« oder »Halt-Position« fällt dem Hund deutlich schwerer, ist aber im jagdlichen Gebrauch von Bedeutung. Sie lassen Ihren Hund »Platz« machen und drücken nun seinen Kopf auf die Vorderpfoten. In dieser Position ist der Gesichtskreis des Hundes stark eingeschränkt, so dass er Verleitungen, die ihn zum Aufstehen bewegen könnten, nicht sehen kann.

»Bleib«

Dieses Kommando wird in Verbindung mit »Sitz« oder »Platz« geübt. Lassen Sie Ihren Hund »Sitz« oder »Platz« machen, geben Sie das Kommando »Bleib« und entfernen Sie sich einige wenige Schritte rückwärts gehend von ihm, wobei Sie Sichtkontakt zum Hund halten und den Versuch aufzustehen sofort durch ein erneutes Kommando »Bleib« unterbinden. Gehen Sie dann zurück und loben Sie ihn, wobei der Hund sitzen oder liegen bleiben soll, bis er das Kommando zum Aufstehen bekommt. Steht er von allein auf, beenden Sie die Belobigung sofort. Hat Ihr Hund begriffen, worum es geht, kann man die Zeit und später auch den Abstand nach und nach verlängern. Erhöhen Sie aber nicht sofort Zeit und Abstand, haben Sie Geduld. Auch hier gilt: Häufiges kurzes Üben mit leichter Erhöhung des Schwierigkeitsgrades führt zum Erfolg.

Anfangs können Sie den Hund mit der Leine auch an einem Baum, Zaunpfahl oder ähnlichem fest machen, um ein Hinterherkommen zu verhindern.

Vermeiden Sie bei den »Bleib«-Übungen den Namen Ihres Hundes zu nennen, denn Sie wollen ja nicht seine Aufmerksamkeit auf sich ziehen und die Gefahr des Aufstehens erhöhen. Erhebt sich Ihr Hund während der Übung ohne Kommando, so bringen Sie ihn am Halsband an seinen Platz zurück und wiederholen die Übung. Versuchen Sie jede Übungseinheit mit einem positiven Ergebnis und folgendem Lob abzuschließen.

»Hier«

Erfolgreiches Heranrufen ist für ein harmonisches Zusammenleben und für die Sicherheit Ihres Hundes von elementarer Bedeutung. Üben Sie das Heranrufen immer wieder, zuerst in Haus und Garten, später im Freien. Rufen Sie Ihren Welpen mit seinem Namen und dem Kommando »Hier«. Loben und streicheln Sie ihn, wenn er zu Ihnen kommt. Haben Sie das Futter zubereitet, wird ein gesunder Beagle, der sich nicht gerade im Tiefschlaf befindet, nicht mehr herangerufen werden können. Er wird schon unter Ihnen sitzen. Bereiten Sie das Futter aber bei geschlossener Küchentür zu und beschäftigt sich ein anderes Familienmitglied in dieser Zeit mit ihm, so können Sie ihn anschließend rufen (Name und »Hier«), »Sitz« machen lassen, ihm den Napf hinunterstellen und loben. Klappt das Heranrufen im Haus, verlegen Sie die nächsten Übungen in den Garten. Reagiert der Hund auf die erste Aufforderung zu kommen nicht, so wiederholen Sie diese in schärferem Ton. Kommt er heran, wird er gelobt, bekommt hin und wieder auch ein Leckerli. Für das Üben im Freien eignen sich auch Schrebergartenkolonien, Plätze von Hundevereinen oder andere eingezäunte, verkehrsfreie Gelände. Ein geeignetes Hilfsmittel zur

Auf Kommando »Hier« soll sich Ihr Hund sofort zu Ihnen begeben.

erfolgreichen Durchführung dieser Übung ist eine Feldleine, aber auch eine dünne Wäscheleine reicht aus.

Mit ihrer Hilfe können Sie den Hund auch aus mehreren Metern Entfernung kontrollieren. Sobald Ihr Hund auf den ersten Befehl nicht reagiert, wird die Leine, die der Hund frei hinter sich her zieht, aufgenommen und kurz geruckt. Kommt Ihr Hund jetzt heran, wird er ausgiebig gelobt. Erst wenn die Übung wirklich sitzt, wird die Feldleine weggelassen. Es wird aber sofort wieder auf sie zurückgegriffen, wenn sich Misserfolge einstellen. Ihr Hund darf nicht das Gefühl haben, sich Ihrer Einwirkung entziehen zu können.

»Nein« und »Aus«

Für diese Kommandos ist der Tonfall von besonderer Bedeutung, schließlich wollen Sie den Hund dazu bringen, etwas sofort zu lassen, was er gerade begeistert ausführt. Seien Sie also konsequent und erlauben Sie dem Hund kein Ausweichen. Auf gar keinen Fall dürfen Sie heute etwas verbieten, was Sie morgen dann wieder durchgehen lassen. Mit diesen Kommandos wird der Hund davon abgehalten Menschen anzuspringen;

»Diese Kaustange nimmt mir keiner weg.«

eine Unsitte, die immer wieder zu Ärger vor allem mit »Nichthundebesitzern« führt. Aber auch das Anknabbern von Möbeln, Schuhen und dergleichen wird so unterbunden. Während der gemeinsamen Spaziergänge wird Ihr Beagle immer wieder versuchen, den seiner Ansicht nach viel zu kargen Speiseplan mit allerlei kau- und fressbaren Dingen aufzubessern. Auch hier ist ein sofortiges »Aus« und »Pfui« unbedingt nötig, gegebenenfalls auch der Griff in den Fang, um dem Hund die Beute zu entwenden. Dabei fassen Sie mit Daumen und Zeigefinger von oben über den Fang und drücken die Lefzen nach innen. Öffnet Ihr Hund dann den Fang, so schütteln Sie den Gegenstand heraus oder entnehmen ihn mit der anderen Hand. Solange Sie die Lefzen mit einklemmen, wird der Hund den Fang nicht kräftig schließen, da er sich sonst selbst Schmerzen zufügt.

Um Ihren Hund davon abzuhalten Gegenstände oder Nahrungsmittel vom Tisch oder Couchtisch zu holen, legten Freunde von uns mit Essig getränkte Tücher an die Tischränder. Der für Hunde unangenehme Geruch wirkte tatsächlich und ihre Hündin mied den Tisch auch später, ohne dass dort noch Essigtücher lagen. Um dem Hund das Anspringen etwa während der Zubereitung des Futters abzugewöhnen, bedienten sie sich mit Erfolg einer Wasserpistole. Zusätzlich muss stimmlich immer die scharfe Missbilligung erfolgen.

»Geh Hundeplatz«

Es wird immer wieder Situationen geben, in denen Ihr Hund stört. Dies mag der Fall sein, während Sie Ihre Mahlzeiten einnehmen, wofür Sie in der Regel weit mehr Zeit verschwenden als Ihr Beagle, oder bei handwerklichen Tätigkeiten, bei denen es für den Hund nicht gesund ist, die Verdaulichkeit von Schrauben und Nägeln auszuprobieren. Sehen Sie, dass sich Ihr Hund von allein auf seinen Platz begibt, benutzen Sie obiges Kommando. Locken Sie ihn mit einem Leckerli auf seinen Platz oder tragen Sie Ihren Welpen dort hin. Verbinden Sie dies mit dem Kommando »Geh Hundeplatz« und anschließendem »Bleib«. Anfangs ist es sicherlich notwendig, in der Nähe des Hundes zu warten, um ihn zum Bleiben zu bewegen, später muss der Hund dies dann auch ohne Sichtkontakt durchführen. Auch hierbei ist wiederholtes Üben und viel Lob notwendig.

Auch bei dieser Übung leistet ein Klappkäfig, der sich schließen lässt, gute Dienste.

Auf seinen Platz muss sich der Hund auf Kommando zurückziehen.

Sichtzeichen

Für »Sitz«, »Platz«, »Down/Halt«, »Bleib« und »Hier« gibt es auch Sichtzeichen, die im fortgeschrittenen Übungsstadium stimmschonend eingesetzt werden können.

Das Zeichen für »Sitz« ist die in Brusthöhe erhobene Hand mit ausgestrecktem Zeigefinger, für »Platz« weist die Handinnenseite zum Hund. Für »Down« wird der rechte Arm empor gestreckt, die Handfläche weist zum Hund. »Bleib« wird mit schräg nach unten ausgestrecktem Arm signalisiert, wobei auch hier die Handinnenfläche zum Hund zeigt. Heranwinken kann man den Hund mit einer schwungvollen Armbewegung.

Eine doppelseitige Hornpfeife ist ein weiteres wertvolles Hilfsmittel und bietet vor allem in Wald und Feld gute Dienste. Der glatte Pfiff gilt hierbei als Signal zum Herankommen, also »Hier«, der Triller, der mit der anderen Pfeifenseite erzeugt wird, ersetzt das »Down« oder »Halt«. Wichtig ist, dass man das Sichtzeichen erst hinzunimmt, wenn die Übung mit der Stimme klappt. Anfangs werden dann Laut- und Sichtzeichen gleichzeitig gegeben, damit der Hund diese mit der gleichen Aktion verbindet. Sitzen die Sichtzeichen, so kann man anschließend »Sitz« und »Down« mit Sichtzeichen und Pfiff üben. Das Ziel ist erreicht, wenn der Hund zuverlässig auf die einzelnen Kommandos reagiert.

Einige Grundregeln zur Ausbildung:

Gestalten Sie die Übungen möglichst interessant.

Wählen Sie kurze Übungsphasen von wenigen Minuten.

Klappt der erste Versuch optimal, wiederholen Sie die gleiche Übung nicht sofort noch einmal, der Erfolg kann nicht mehr größer werden.

Seien Sie stets konsequent, aber auch geduldig und freundlich.

Korrektur und Lob müssen immer äußerst zeitnah erfolgen, damit der Hund diese richtig verknüpft.

Üben Sie anfangs mit angelegter Leine, später dann mit dem frei laufenden Hund. Erst in Haus und Garten, dann in Wald und Feld. Erst wenn Sie sich Ihres Hundes ganz sicher sind, kann im Straßenbereich ohne Leine geübt werden.

Fordern Sie nicht heute dies und morgen dass Ihr Hund weiß sonst nicht, woran er ist. Darf er zu Ihnen auf die Couch, wird er dies auch bei Besuchern für sich in Anspruch nehmen.

Hundeschulen und -vereine

Fühlen Sie sich bei der Erziehung Ihres Junghundes verunsichert oder überfordert, bietet sich die Teilnahme an einem Ausbildungslehrgang an. Diese werden von Hundeschulen, Hundesportvereinen oder den Landesgruppen des Beagle Clubs angeboten. Hier üben Sie unter Anleitung eines Hundetrainers in einer Gruppe Gleichgesinnter, was vieles einfacher macht. Haben Sie das Glück, dass eine Landesgruppe des Beagle Clubs in Ihrer Nähe Ausbildungslehrgänge auf einem Hundeübungsplatz anbietet, sind diese zu empfehlen. Zum einen treffen Sie sich hier mit anderen Beaglefreunden, zudem wird die Ausbildung auf den Beagle zugeschnitten sein und auch die Ausbilder werden Eigenerfahrung mit Beagles gesammelt haben. Achten Sie bei der Auswahl von Hundeschulen darauf, dass nach modernen Erziehungsmethoden ausgebildet wird. Auch der Beagle muss sich unterordnen, doch sollte dies vorwiegend über positive Verstärkung erreicht werden. Verbale

Belobigungen, Streicheln, ein Leckerle oder eine kurze, sich an die Ausbildungsphase anschließende gemeinsame Spielphase motivieren Ihren Beagle, steigern seine Lernbereitschaft. Harte Unterordnungsarbeit mit Einsatz von Zwangsmitteln wie Stachelhalsbändern, Korallen- oder auch Elektrohalsbändern sind abzulehnen und schon gar nicht für die Erziehung des Beagles angezeigt.

Zur Weiterbildung gibt es eine umfangreiche Auswahl an Erziehungsbüchern.

Bestehen Sie darauf, dass der Hund seine Belohnung in der Position »Sitz« einnimmt und nicht an Ihnen hochspringt.

5 Ernährung. Pflege. Gesundheit

Ernährung

Als Meutehund frisst der Beagle nach dem Motto: »Wer nicht zuschlägt, der verhungert«, oder, um mit Gorbatschow zu sprechen: »Wer zu spät kommt, den bestraft das Leben:« Und diese Fressgewohnheit, besser Fresslust, zeigen auch die meisten Einzelhunde. Seien Sie also unbedingt konsequent in der Bemessung der Portionen und bei der Zugabe von Extrahappen. Es gibt schon genug fette Beagle, Ihrer sollte nicht dazu gehören; denn Übergewicht stört nicht nur das Auge, es belastet Organe und Skelettsystem des Hundes und verkürzt dessen Lebenserwartung. Sicherlich haben Sie beim Abholen Ihres Welpen vom Züchter einen Futterplan und vielleicht auch Futter für die erste Zeit mitbekommen. Halten Sie sich bitte an diesen Plan, denn der Welpe ist diese Fütterung gewohnt. Es kommt jetzt so viel Neues auf ihn zu, dass eine zusätzliche Futterumstellung ihm allzu leicht auf den Magen schlagen kann. Und wollen Sie die Fütterung später umstellen, so tun Sie dies nach und nach, indem Sie das neue Futtermittel dem alten zumischen und den Anteil langsam erhöhen, bis der Hund nach ein paar Tagen an das neue Futter gewöhnt ist.

Ihr Welpe benötigt anfangs drei bis vier Mahlzeiten, die gleichmäßig über den Tag verteilt werden sollten. Halten Sie die Zeiten hierfür möglichst ein, auch Hunde sind Gewohnheitstiere. Die korrekte Zusammenstellung des Futters ist wesentlich für das gesunde Heranwachsen Ihres Hundes, und sie ist nicht einfach, braucht doch ein Welpe weit mehr Nährstoffe und knochenaufbauende Mineralien als der erwachsene Hund.

Neben der Bequemlichkeit ist dies ein Grund, dass heute die meisten Hunde mit Fertigfutter ernährt werden. Diese Futtermittel sind so abgestimmt, dass sie alle wesentlichen Bausteine enthalten. Wir weichen Fertigfutter in heißem Wasser ein und lassen es kurz quellen, bevor wir es unseren Hunden geben. Es kann aber auch trocken verfüttert werden.

»Nun warte ich schon seit fünf Minuten auf mein Fressen.« Für Beagles gibt es kaum Wichtigeres als zu fressen und zu jagen.

Büchsenfutter verwenden wir schon wegen der erhöhten Abfallmenge selten. Es ist zudem weder preiswerter noch qualitätsvoller. Der Wasseranteil ist recht hoch und der Anteil an tierischem Eiweiß, zumindest bei billiger Dosennahrung, recht gering.

Aber auch zu viel des Guten ist verkehrt. Auf gar keinen Fall dürfen bei der alleinigen Ernährung mit einem guten Komplettfutter Futterergänzungsmittel wie Kalkprodukte zugefüttert werden.

Auch wenn unsere Hunde vorwiegend Fertigfutter erhalten, so gibt es auch immer wieder eine gekochte Fleischmahlzeit mit Gemüseflocken.

Rohes Fleisch füttern wir nicht.

Wenn Sie Ihren Hund ausschließlich mit einem seinem Alter angemessenen Komplettfutter ernähren, sind Futterzusätze wie gesagt überflüssig. Bei reiner Fleischfütterung mit Gemüse oder Gemüseflocken muss zumindest ein Kalkpräparat zugefüttert werden. Zweifarbige Beagles können zur Pigmentverstärkung etwas Seealgenmehl ins Futter bekommen.

Frisst Ihr Hund eine Mahlzeit nicht auf, was beim Beagle äußerst

Zweifarbige Hündin mit vorzüglichem Pigment und Idealgewicht.

ungewöhnlich ist, wird der Napf grundsätzlich weggenommen. Geschieht dies bei der nächsten Mahlzeiten wieder, so verkleinern Sie die Portion. Futterverweigerung bei zwei aufeinander folgenden Mahlzeiten verbunden mit Apathie ist bei einem Beaglewelpen ein Grund für einen Tierarztbesuch.

Frisches Wasser sollte für Ihren Hund immer zugänglich sein. Empfehlenswert ist es, hin und wieder sehr dünnen schwarzen Tee anstelle des Wassers anzubieten, damit der Hund daran gewöhnt ist und ihn während einer Magen-Darmerkrankung akzeptiert.

Mit etwa sechs Monaten können Sie die Futtermenge auf zwei Mahlzeiten verteilen, mit circa einem Jahr kann dann auf eine Mahlzeit gegangen werden, auch wenn Ihr Beagle zwei Fütterungen mit Sicherheit vorzieht. Die tägliche Futtermenge muss individuell angepasst werden, da auch Beagles unterschiedliche Futterverwerter sind. Achten Sie darauf, dass Ihr Hund nicht zu dick wird, aber auch nicht wie ein Windhund aussieht. Fragen Sie Ihren Tierarzt und andere Hundebesitzer, die Ihren Hund nicht täglich sehen, nach deren Einschätzung. Die Fütterungsempfehlungen der Hersteller von Fertigfutter sind meiner Erfahrung nach zumindest für Beagles recht hoch angesetzt. Und vergessen Sie nie: Beagles haben immer Hunger und sind zu dreisten und erfindungsreichen Diebstählen jederzeit bereit.

Pflege und Gesundheitsvorsorge

Sie sollten Ihren Welpen von klein auf daran gewöhnen, dass er sich in Ruhe anfassen, abtasten und die Zähne kontrollieren lässt. Am besten geschieht dies auf einem speziellen Tisch, damit sich der Hund auch hieran gewöhnt. Dies zahlt sich bei späteren Tierarztbesuchen aus. Achten Sie darauf, dass Ihr Welpe immer wieder gelobt wird, damit er alle Kontrollen als etwas Positives empfindet.

Fellpflege

Auch der kurzhaarige Beagle haart - und manchmal nicht zu knapp. Regelmäßiges Bürsten mit einem Noppenhandschuh sorgt dafür, dass totes Haar herausgekämmt wird. Beim erwachsenen Hund leistet auch ein Shedder, eine gezahnte Metallschlaufe, gute Dienste.

Stumpfes Haar und Schuppen sind ein Zeichen für unausgewogenes Futter oder Gesundheitsprobleme. Oft helfen Bierhefetabletten, Kieselerde oder Diestelöl um Haut und Haar strahlen zu lassen.

Auch ein kurzhaariger Hund braucht regelmäßige Fellpflege. Gut geeignet ist ein Noppenhandschuh.

Baden

Ihr kurzhaariger Beagle braucht ein Bad nur dann, wenn er es für nötig hielt, seinen Eigengeruch durch Wälzen in Kot, Aas oder für ihn ähnlich tollen Düften zu verbessern. Da wir die Vorlieben unserer Hunde in der Regel nicht teilen, ist ein Bad mit einem guten Hundeshampoo in diesem Fall unerlässlich. Wichtig ist, dass Sie lauwarmes Wasser verwenden und den Hund anschließend gut abtrocknen.

Krallenpflege

Die Krallen Ihres Hundes müssen in der Regel immer wieder gekürzt werden. Bewegung auf hartem Untergrund wie Stein oder Asphalt führt zwar dazu, dass sich die Krallen genügend ablaufen, das gilt aber nicht für die höher sitzenden Wolfskrallen. An den Vorderläufen haben alle Hunde diese »Daumenkrallen«, sie können aber auch an den Hinterläufen auftreten. Und je länger diese sichelförmigen Afterkrallen werden, desto größer die Verletzungsgefahr für den Hund. Gekürzt werden sie mit einer speziellen Krallenzange, wobei nie in das »Leben« geschnitten werden darf, da dies dem Hund Schmerzen zufügt und es auch zu Blutungen kommt. Bei hellen Krallen sind die rosafarbenen Blutgefäße gut zu erkennen, bei schwarzen Krallen muss mit größter Sorgfalt vorgegangen werden.

Vor allem die Daumenkrallen müssen regelmäßig gekürzt werden. Lassen Sie sich beim ersten Mal von Ihrem Tierarzt beraten.

Zahnpflege

Zur Zahnpflege dienen harte Hundeknochen, Kauhufe und ähnliches. Trotzdem wird Zahnsteinbildung nicht immer zu verhindern sein. Viele Beagles vertilgen selbst harte Hundekuchen so schnell, als wollten sie ins Guinness Buch der Rekorde. Und halten Sie mehr als einen Beagle, tritt die nicht mehr für möglich gehaltene Geschwindigkeitssteigerung doch noch ein. Weiche Beläge können im Anfangsstadium mit dem Fingernagel abgekratzt werden. Auch das Abreiben der Zähne mit einer Apfelspalte beugt der Zahnsteinbildung vor. Anschließend darf das Reinigungswerkzeug dann auch noch gefressen werden. Es gibt zur regelmäßigen Zahnpflege auch Hundezahnpasta und -bürsten. Für die Entfernung starker Beläge ist der Tierarzt zuständig.

Ohrenpflege

Bei Hunden mit Schlappohren ist die Belüftung des inneren Ohres eingeschränkt. Deshalb sollten die Innenseite der Ohren und der äußere Gehörgang regelmäßig kontrolliert und wenn nötig mit einem feuchten Tuch sauber gewischt werden. Im Fachhandel erhält man spezielle Ohrreiniger, die man in den Gehörgang gießt. Anschließend massiert man das Ohr leicht und lässt den Hund dann das gelöste Ohrenschmalz mit dem Ohrreiniger wieder ausschütteln. Dies kann einmal im Monat vorgenommen werden. Dunkle Beläge, strenger Geruch und häufiges Kratzen deuten auf eine Entzündung hin und gehören in die Hand des Tierarztes.

Bei Hunden mit Schlappohren ist die regelmäßige Kontrolle des Gehörgangs besonders wichtig.

Äußere Parasiten

Beim kurzhaarigen Beagle lassen sich Flöhe, Zecken und Läuse, die vornehmlich im Sommerhalbjahr anzutreffen sind, bei der Fellpflege recht leicht finden.

Flöhe

Diese kleinen, rotbraunen Insekten halten sich bevorzugt im Kopf- und Halsbereich auf, aber auch an der Schwanzwurzel sowie den Achselhöhlen und den Innenseiten der Hinterläufe. Häufig findet man auch Flohkot, kleine, schwarze Körnchen auf der Hundehaut.

Zur Behandlung erhält man im Fachhandel Puder, Sprays und Shampoos. Daneben gibt es vom Tierarzt verschreibungspflichtige Mittel, die auf die Haut getropft werden. Wichtig ist, dass bei Flohbefall auch immer das Lager des Hundes mitbehandelt wird. Decken lassen sich auskochen und Teppiche können abgesaugt und gegebenenfalls mit einem Spray desinfiziert werden.

Läuse

Läuse sind winzige dunkelbraune Insekten, die meist im Kopfbereich zu finden sind. Sie leben nur auf dem Hund, das Lager ist nicht befallen. Auch hierfür gibt es verschiedene wirksame Mittel.

Zecken

Zecken gehören zur Verwandtschaft der Milben, sind also keine Insekten, sondern Spinnentiere. Für den Hund sind nur der Holzbock, die braune Hundezecke und die Buntzecke von Bedeutung.

Zecken lassen sich von Büschen aus auf den Hund fallen, krabbeln kurze Zeit auf ihm herum, um sich dann in der Haut festzubeißen und mit Blut voll zu saugen. Als unternehmungslustiger Jagdhund, der gern durch Wald, Wiesen und Felder stöbert, wird unser Beagle immer wieder mit ihnen in Berührung kommen. Nach Spaziergängen durch Feld und Wald sollte man seinen Hund gründlich absuchen. Zecken, die sich noch nicht festgebissen haben, sind so leicht abzusammeln. Später muss die Zecke - am besten mit einer Zeckenzange - vorsichtig herausgezogen werden, wobei darauf zu achten ist, dass der Kopf nicht abreißt und in der Haut

Im Sommerhalbjahr können Hunde vor allem in Waldgebieten von Zecken befallen werden.

verbleibt. Vor der Entfernung soll nicht, wie früher empfohlen, die Zecke durch Auftropfen von Pflanzenöl oder Alkohol erstickt oder betäubt werden, da man inzwischen weiß, dass Zecken im Todeskampf besonders viel Speichel und damit Krankheitserreger in das Blut des Hundes abgeben. Der Holzbock kann Überträger der Frühsommmer-Meningo-Enzephalitis und der Borreliose sein. Braune Hundezecke und Buntzecke, deren Verbreitung auf die oberrheinische Tiefebene beschränkt ist, können die Blutzellen zerstörende Babesiose übertragen.

Vorsorge

Wichtig ist regelmäßige Pflege und Fellkontrolle. Unsere Hunde bekommen im Sommerhalbjahr einmal die Woche eine zerriebene Knoblauchzehe mit ins Futter. Und auch wenn sich die Zecken davon nicht alle abschrecken lassen oder gar ohnmächtig vom Hund fallen, schaden tut es bestimmt nicht. Ein anderes Hausmittel ist die tägliche Gabe von ein bis zwei Löffeln kaltgepressten Leinsamenöls, das vermutlich ebenfalls über ätherische Öle den Zeckenbefall verhindern hilft. Verlässlich wirkungsvolle Prophylaxe gibt es beim Tierarzt. Ein paar Tropfen des Mittels werden auf die Haut gegeben und schützen den Hund für einen Zeitraum von vier Wochen vor den ungeliebten Quälgeistern. Gegen Borreliose und Babesiose gibt es zudem Schutzimpfungen, die in Risikogebieten zu empfehlen sind.

Anti-Floh/Zecken-Halsbänder

Diese Halsbänder geben kontinuierlich Wirkstoffe ab, die sich über den ganzen Hund ausbreiten. Sie wirken nur, wenn sie vom Hund ununterbrochen getragen werden. Da sich die Wirkstoffe beim Streicheln auch auf die Hände übertragen, ist hier Hygiene unbedingt nötig und vor allem bei Familien mit Kindern Vorsicht geboten.

Milben

Es gibt verschiedene Milbenarten, die im Ohr oder in der Haut leben können. Ohrmilben machen sich durch übelriechende, dunkle Ablagerungen bemerkbar. Ein Befall mit der Demodex- oder Sarcoptesmilbe tritt besonders bei Junghunden auf. Durch den starken Juckreiz kratzt sich der Hund ständig, was wiederum zu Hautentzündungen und Haarausfall führt

Innere Parasiten

Schon beim Züchter ist Ihr Hund hoffentlich mehrfach entwurmt worden. Welpen werden bereits im Mutterleib häufig mit Spulwürmern infiziert, wogegen auch größte Hygiene nichts ausrichtet. Ihr Hund sollte auch in Zukunft regelmäßig entwurmt werden; Sie können aber auch den Stuhlgang hin und wieder vom Tierarzt untersuchen lassen. Bandwurminfektionen lassen sich durch Verzicht auf die Verfütterung von rohen Innereien oder rohem Fleisch weitgehend vermeiden. Einige, auch für den Menschen hoch gefährliche Arten, werden allerdings durch Flöhe übertragen.

Gegen innere Parasiten gibt es vom Tierarzt Wurmkuren.

Durchfall

Auch der robusteste Beagle kann durch eine Infektion oder als Folge seiner ungebremsten Fresslust an Durchfall erkranken.

Ist der Hund agil und fieberfrei (Achtung: Die Normaltemperatur des Hundes liegt etwa 1 Grad Celsius über der des Menschen!) hilft meist ein Fastentag mit anschließender Schonkost. Letztere kann aus einer Dose Diätfutter bestehen, aus Hühnchen mit Reis oder auch einer Baby-Heilnahrung. Zum Trinken gibt es eine Diättränke mit Elektrolyten und Milchsäurebakterien zur Regulierung der Darmfunktion oder sehr dünnen schwarzen Tee mit einer Prise Salz. Wichtig ist, dass der Körper nicht austrocknet, Ihr Hund den Tee wirklich trinkt. Zur Not kann dieser auch mit Süßstoff schmackhafter gemacht werden, keinesfalls mit Zucker. Gewöhnen Sie schon Ihren gesunden Hund unbedingt an diese »Geschmacksrichtung«! Bei Welpen ist bei wässerigem Durchfall äußerste Vorsicht geboten. Tritt keine schnelle Besserung ein oder kommen Fieber, Apathie oder Blut im Stuhl dazu, ist der Tierarzt unverzüglich zu konsultieren.

Tierarzt

Beagles sind recht robuste Hunde; so werden Tierarztbesuche hoffentlich nicht zur Regel. Gerade beim Welpen ist aber ein Besuch zu viel besser als einer zu wenig, ist die Widerstandskraft doch noch weit geringer als beim erwachsenen Hund. Und zu den Impfterminen muss grundsätzlich der Tierarzt besucht werden. Erkundigen Sie sich bei Hundebesitzern Ihrer Gegend nach empfehlenswerten Tierärzten. Wohnen Sie in der Nähe des Züchters, ist dessen Tierarzt sicherlich eine gute Wahl, sollte er doch mit Problemen und Eigenheiten der Rasse bestens vertraut sein.

Vereinbaren Sie für den ersten Besuch, der spätestens zur ersten Nachimpfung

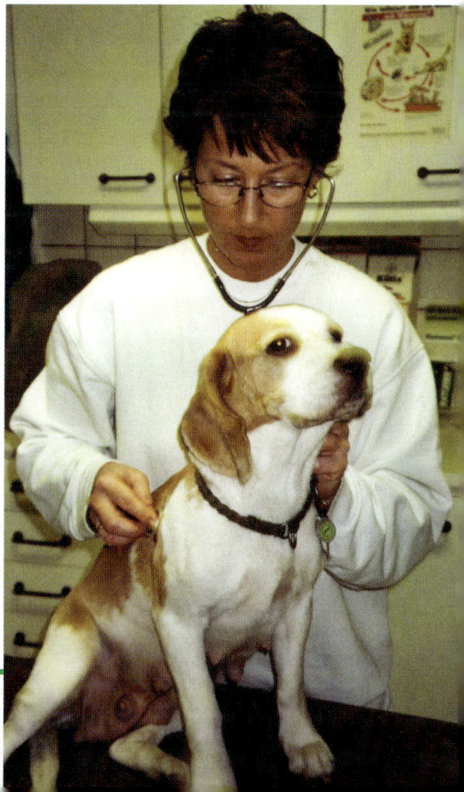

Der Gesundheitscheck.

fällig ist, einen Termin und weisen Sie den Tierarzt darauf hin, dass Sie zum ersten Mal mit Ihrem Welpen eine Praxis aufsuchen. Es ist äußerst wichtig, dass Ihr Hund diesen ersten Besuch nicht in schlechter Erinnerung behält. Und ein volles Wartezimmer mit vielen großen, fremden Hunden und langer Wartezeit kann schnell dazu führen. Vermitteln Sie dem Hund nicht das Gefühl, dass etwas Außerordentliches von ihm verlangt wird. Seien Sie geduldig und ruhig und ermuntern Sie ihn, das Wartezimmer zu betreten. Einmal im Behandlungsraum, stellen Sie Ihren Hund auf den Tisch, unterhalten sich beruhigend mit ihm und loben ihn, wenn er sich angemessen verhält. Nach erfolgter Untersuchung und Behandlung durch den Tierarzt darf er dann ruhig ein Leckerle bekommen. Dies sollte vom Tierarzt selbst gegeben werden, damit Ihr kleiner Vielfraß ihn in guter Erinnerung behält und sich beim nächsten Mal schon auf die Belohnung freut. Unsere Beagles sind kaum zu bremsen, wenn es aus dem Wartezimmer endlich ins Esszimmer des Tierarztes geht.

Autofahrten

Die erste Autofahrt hat Ihr Welpe sicher schon auf dem Weg vom Züchter in sein neues Heim gemacht. Die zweite sollte nicht gleich die zum Tierarzt sein. Wie bei uns Menschen gibt es auch Beagles, die gern oder aber nur äußerst widerwillig im Auto mitfahren. Vermeiden Sie scharfes Anfahren und Bremsen und zu Beginn möglichst auch lange Fahrten. Füttern Sie nicht kurz vor einer Autofahrt. Der sicherste Platz für Ihren Hund ist entweder im Fußraum des Beifahrers oder auf der Ladefläche eines Kombis, sofern diese nach vorn durch ein Absperrgitter gesichert ist oder Ihr Hund sich in einer dort aufgestellten Box befindet. Verbinden Sie erste Fahrten mit etwas Angenehmen; fahren Sie in den Wald zu einem ausgedehnten Spaziergang. Sollte der Magen Ihres Hundes trotzdem gegen Ihr Auto rebellieren, bedarf es wieder

Auch im Auto leistet ein Käfig wertvolle Dienste.

geduldiger Heranführung. Lassen Sie Ihren Hund im Fußraum des Beifahrers sitzen und ihn von seinem »Lieblingsmenschen« streicheln und loben. Steigen Sie anschließend aus und kommen Sie einer Lieblingsbeschäftigung Ihres Hundes, Spielen oder Spazieren gehen, nach. Verbinden Sie den gleichen Vorgang dann mit kurzen Fahrten. Versuchen Sie anzuhalten, auszusteigen und mit dem Hund eine für ihn positive Aktion durchzuführen, bevor er Ihnen seine Mahlzeit zur Weiterverwertung in das Auto übergeben hat. Steigern Sie allmählich die Länge der Fahrten, versuchen Sie aber immer das Ende so zu gestalten, dass der Hund es positiv in Erinnerung behält. In ganz hartnäckigen Fällen kann auch der Tierarzt mit einem Medikament weiterhelfen.

All dies ist beim Beagle glücklicherweise die Ausnahme; die meisten fahren gern Auto und freuen sich darüber, mitgenommen zu werden.

Impfungen

Ihr Welpe sollte seine erste Schutzimpfung gegen Staupe, Hepatitis, Leptospirose und Parvovirose beim Züchter erhalten haben, worüber der Impfpass, der Ihnen mit den Papieren des Hundes ausgehändigt wird, Auskunft gibt. Auch der nächste Impftermin, in der Regel mit etwa zwölf Wochen, bei dem dann neben den oben genannten Impfungen die Tollwutschutzimpfung hinzukommt, sollte aus diesem hervorgehen. Halten Sie den von Ihrem Tierarzt aufgestellten Impfplan, es können auch zwei Nachimpfungstermine sinnvoll sein, genau ein; nur so schützen Sie Ihren Hund wirkungsvoll. Erwachsene Hunde erhalten später alle ein bis zwei Jahre Auffrischungsimpfungen. Besonders bei der Tollwutschutzimpfung ist das Einhalten der jährlichen Wiederholungsimpfung schon aus Gründen des Haftungsrechts bei Beißunfällen oder dem Entlaufen des Hundes in Tollwutschutzgebieten unerlässlich.

Über die hier genannten »Pflichtimpfungen« hinaus gibt es weitere Schutzimpfungen, die je nach Region und Haltungsart sinnvoll sein können.

Beachten Sie aber, dass ein wirksamer Impfschutz erst etwa zwei Wochen nach erfolgter Nachimpfung Ihres Welpen gegeben ist. Vermeiden Sie daher vorher Plätze, auf denen sich viele Hunde treffen und lösen.

6 Erkrankungen

Erkrankungen

Ernsthafte Erkrankungen gehören prinzipiell in die Hand des Tierarztes, leichtere Unpässlichkeiten kann man selbst behandeln. Hier soll deshalb nur auf einige wenige Erkrankungen hingewiesen werden, die auch beim Beagle auftreten.

Allergien

Auch Beagles können unter Allergien leiden. Allergische Reaktionen können ebenso wie deren Auslöser vielfältig sein und durch Pflanzen, Gras, Staub, Kunstfasern oder Futtermittel ausgelöst werden. In vielen Fällen ist eine Hautrötung und -entzündung mit starkem Juckreiz festzustellen, auf den die Hunde mit Knabbern und Kratzen reagieren. Auch häufiges Niesen kann ein Hinweis sein. Die Behandlung erfolgt durch den Tierarzt. Wichtig ist es, die Ursache herauszufinden, um gezielt reagieren zu können.

Analdrüsen

Die Analdrüsen des Hundes liegen beiderseits des Afters. Normalerweise werden sie beim Kotabsetzen entleert. Funktioniert die Entleerung nicht, kommt es zum Sekretstau und zu Juckreiz. Durch »Schlittenfahren«, Rutschen auf dem Gesäß, versucht der Hund sich Linderung zu verschaffen. Fast nie hat dieses Rutschen etwas mit Wurmbefall zu tun, was man hier und da immer noch hört. Die Analdrüsen müssen fachgerecht ausgedrückt werden. Lassen Sie sich dies vom Tierarzt oder Züchter zeigen; anschließend kann das selbst - wegen des Gestanks des Sekrets möglichst im Freien - vorgenommen werden. Sind die Analdrüsen vereitert, muss der Tierarzt eingreifen. In schwerwiegenden Fällen kann eine operative Entfernung der Drüsen nötig sein.

Auge

Das sogenannte »cherry-eye«, zu deutsch »Kirschauge«, bezeichnet eine Ausstülpung der Nickhaut mit einem Vorfall der Nickhautdrüse. Im inneren Augenwinkel erscheint eine rote, erbsengroße Schwellung. Dies tritt nicht selten schon beim Welpen auf. Bei seltenem Auftreten helfen Augentropfen, andernfalls ist eine kleine Operation nötig, bei der die Nickhautdrüse entfernt wird.

Entropium / Ektropium

Hierbei ist das untere Augenlid entweder nach innen oder aber nach außen gedreht. Im ersten Fall reizen die Wimpern ständig die Hornhaut , was dem Hund erhebliche Schmerzen bereitet und zu Augenausfluss führt. Beim Ektropium können sich Fremdkörper zwischen Augenlid und Augapfel setzen und die Hornhaut reizen. Hunde mit krankhaften Veränderungen an den Augenlidern gehören nicht in die Zucht. Eine chirurgische Behebung ist möglich. Beachtet werden muss dabei, dass sich die Kopfproportionen auch im zweiten Lebensjahr noch verändern.

Bissverletzungen und andere Wunden

Die Behandlung von tiefen und stark blutenden Wunden ist Sache des Tierarztes. Bei starker Blutung ist ein Druckverband anzulegen und dann sofort der Tierarzt aufzusuchen. Bissverletzungen entzünden sich leicht, da die meisten Hunde nicht übermäßig viel vom Zähneputzen halten. Genäht werden können nur wirklich frische Wunden. Kleine, oberflächliche Wunden können mit einem Antiseptikum, einem Wundspray, behandelt werden. Wichtig ist das Entfernen der Haare um die Wunde herum, damit diese nicht verkleben können, was zu Entzündungs- und Eiterungsprozessen führt. Bei Komplikationen ist aber auch hier der Tierarzt zu konsultieren.

Erbrechen

Einmaliges Erbrechen muss noch kein Anlass zur Sorge sein. Zu hastiges Fressen, die Aufnahme von schwer oder gar nicht verdaulichen Produkten kann hierzu führen. Teilweise versucht der Hund das Erbrochene gleich wieder aufzunehmen. Manche Hunde fressen Gras, um

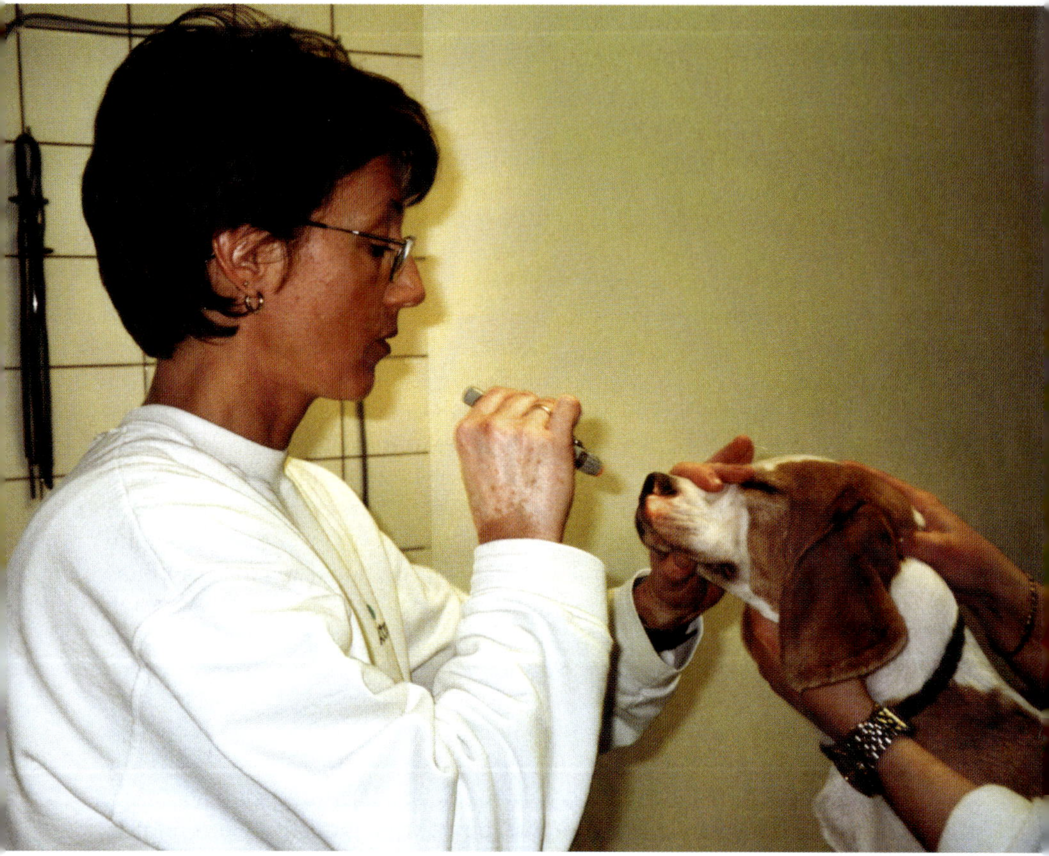

Eine regelmäßige Krankheitsvorsorge ist wichtig.

Erbrechen auszulösen. Erbricht und würgt der Hund immer wieder, ist er zusätzlich apathisch oder hat Durchfall und Fieber, ist in jedem Fall der Arzt aufzusuchen.

Gaumensegel

Bei manchen Hunden schlägt das Gaumensegel um, die Hunde verhaspeln sich beim Atmen, stehen leicht gekrümmt und geben röchelnde, hustenähnliche Laute von sich. Häufig hilft es, wenn man den Hunden kurz die Nase zuhält oder mit der flachen Hand auf den Rücken drückt. Bei häufigem Auftreten kann auch eine Halsentzündung vorliegen. Ansonsten handelt es sich um einen völlig harmlosen Vorgang.

Hitzschlag

Immer wieder werden Hunde im Auto zurückgelassen ohne zu bedenken, dass die Sonne wandert und sich der Innenraum auch dann sehr schnell erhitzt, wenn die Fenster nicht ganz geschlossen sind. Ein Hitzschlag ist lebensbedrohlich. Die Körpertemperatur des Hundes muss schnell herabgekühlt werden. Das Tier ist möglichst an einen kühlen, gut belüfteten Ort zu bringen und mit kaltem Wasser vor allem im Nackenbereich zu befeuchten, zur Not auch durch Auflegen von Beuteln aus der Tiefkühltruhe. Durch Zufächeln kühler Luft verdunstet die Feuchtigkeit im Fell schneller und die Verdunstungskälte lässt die Körpertemperatur schneller abkühlen. Ist das Tier wieder bei Bewusstsein, wird der Kopf einige Minuten lang gekühlt (Eisbeutel, Kühlelemente). Vollständiges Eintauchen in kaltes Wasser bis zum Hals ist ebenfalls möglich, doch kann der Kälteschock auch zu einem Kreislaufkollaps führen. Sobald die Körpertemperatur gesunken ist, muss der Tierarzt aufgesucht werden.

Husten

Häufiges Husten ist ein Grund, den Tierarzt aufzusuchen, da die Ursache abgeklärt werden muss. Es kann sich um eine einfache Erkältung handeln, aber auch um eine schwer wiegendere Infektion, etwa eine Lungenentzündung oder um Zwingerhusten. Letzterer tritt vornehmlich dort auf, wo große Hundeansammlungen zu finden sind, also in Zwingeranlagen mit hohem Bestand. Zwingerhusten ist hoch ansteckend und vor allem für Welpen und ältere Hunde gefährlich. Gegen Zwingerhusten oder Parainfluenza gibt es eine Schutzimpfung.

Pfoten

Lahmt Ihr Hund, kann es sein, dass er sich etwas eingetreten hat. Die Pfoten werden genau untersucht, der Fremdkörper entfernt. Verfilztes Haar zwischen den Ballen muss herausgeschnitten, Eisklümpchen im Winter vorsichtig entfernt werden. Ist Ihr Hund mit Streusalz in Berührung gekommen, werden die Pfoten mit lauwarmem Wasser gewaschen. Wunde Stellen werden mit einer Salbe behandelt.

Häufig wiederkehrende oder andauernde Lahmheiten gehören in die Hand des Tierarztes.

Rute

Nicht selten tritt beim Beagle die sogenannte »Hammel- oder Beaglerute« auf. Sie ist dadurch gekennzeichnet, dass der Hund das hintere Rutenteil schlaff herabhängen lässt, fast so, als wäre es gebrochen. Wedeln und Hochnehmen der Rute bereiten ihm erkennbar Schmerzen. Dies liegt an einer Entzündung im Wirbelbereich, die nach ein, zwei Tagen vorüber sein sollte. Eine eindeutige Ursachenklärung gibt es nicht, es scheint aber so zu sein, dass diese Entzündung besonders leicht nach dem Baden von Hunden auftritt. Trocknen Sie Ihren Hund nach einem Bad unbedingt gründlich ab und vermeiden Sie Zug.

Insektenstiche

Versuchen Sie von Beginn an, Ihrem Beagle das Schnappen nach Insekten abzugewöhnen. Wird Ihr Hund von einer Wespe oder ähnlichem gestochen, muss der Stachel herausgezogen werden. Die Einstichstelle kann mit einem Antiseptikum befeuchtet und anschließend gekühlt werden. Bei Stichen in den Rachen ist unverzüglich der Tierarzt aufzusuchen, da es zu lebensbedrohlichen Schwellungen kommen kann.

Vergiftungen

Bei unserem gierigen Beagle können Vergiftungen durch unbeabsichtigtes Fressen von Rattengift, Teilen giftiger Pflanzen oder Pflanzenschutzmitteln auftreten. Ideal ist es, wenn man den Hund sofort nach Aufnahme des Giftes zum Erbrechen bringen kann. Dies geschieht entweder durch Einflößen einer Salzlösung, etwa ein Esslöffel Salz in Wasser gelöst, oder durch eine Spritze beim Tierarzt. Nach dem Erbrechen können dem Hund in Wasser gelöste Kohlekompretten eingeflößt werden, die weitere giftige Bestandteile im Magen binden. Zum Einflößen eignet sich eine Einwegspritze. Erbrechen darf nicht ausgelöst werden, wenn es sich um ätzende Substanzen handelt. Versuchen Sie so weit wie möglich festzustellen, welches Präparat mit welchem Wirkstoff und in welcher Menge Ihr Hund aufgenommen hat, um dem Tierarzt eine gezielte Behandlung zu ermöglichen. Je weniger Zeit zwischen der Giftaufnahme, der Herbeiführung des Erbrechens und der Behandlung vergeht, desto größer die Heilungschancen.

Medikamentengaben

Da Beagles sehr verfressen sind, ist die Gabe von Medikamenten meist kein Problem. Als Futterbeigabe dürfen diese gegeben werden, wenn der Hund wirklich auffrisst. Tabletten lassen sich auch in etwas Wurst oder Käse versteckt gut verabreichen. Dies gilt auch für flüssige Medikamente. Tropfen können aber auch mit einer Einwegspritze, natürlich ohne Nadel, die man dem Hund am Lefzenwinkel in den Fang schiebt, gegeben werden. Der Fang sollte bei der Eingabe leicht nach oben und geschlossen gehalten werden, bis der Hund geschluckt hat.

Gefahr im Verzug

Die sofortige Visite bei einem Tierarzt oder in einer Tierklinik ist in folgenden Fällen unbedingt erforderlich:

Bei Vergiftungen.
Bei schweren Verletzungen (nach Autounfällen und Stürzen sind auch innere Verletzungen in Erwägung zu ziehen).
Bei Blut in Urin oder Stuhl.
Bei Apathie und Nahrungsverweigerung.
Bei Fieber (über 39 Grad Celsius).
Bei Krämpfen, Koliken und Aufblähungen des Bauchraums.
Bei Kreislaufkollaps (Hitzschlag).
Bei Erstickungsgefahr (Stiche in den Rachenraum).
Wässeriger Durchfall und Erbrechen bei Welpen gehören sofort in die Hand des Tierarztes.

7 Ausstellungen und Zucht

Ausstellungen

Hat sich Ihr Beaglewelpe zu einem qualitätsvollen, harmonischen Junghund entwickelt, so können Sie ihn auf einer Ausstellung von einem Spezialzuchtrichter beurteilen lassen. Hierbei geht es nicht allein um Schönheit, sondern vor allem um korrekte Anatomie und korrektes Wesen. Beurteilt werden die Hunde nach dem Rassestandard, der das Idealbild der Rasse beschreibt. Zwar gibt es den perfekten Hund nicht, doch versuchen engagierte Züchter, diesem so nah wie möglich zu kommen. Informationen über Ausstellungen erhalten Sie über den Beagle Club Deutschland, dessen Dachverband, den VDH, und sicher auch über Ihren Züchter. Letzterer wird Ihnen auch sagen können, ob sich Ihr Beagle für Ausstellungen eignet und wie Sie sich darauf vorbereiten können. Sie erhalten auf einer Ausstellung einen schriftlichen Bericht über Ihren Hund, der die Meinung eines Rassekenners wiedergibt. Der Richter beschreibt Ihren Hund, beurteilt und platziert diesen gemäß seiner Qualität wie er sie an diesem Tag sieht. Da der Rassestandard beschreibend ist, lässt er auch eine gewisse Interpretation zu, was dazu führt, dass verschiedene Richter zu unterschiedlichen Bewertungen kommen werden. Erst nach dem Besuch mehrerer Ausstellungen wird sich ein umfassendes und objektives Bild Ihres Beagles zusammenfügen. Auf diesen Veranstaltungen haben Sie Gelegenheit, sich ein Bild von Hunden Ihrer Rasse zu machen und Kontakte zu anderen Beaglefreunden herzustellen. Hündinnenbesitzer können sich hier nach passenden Deckrüden umschauen. Für den Rassehundeclub liefern Ausstellungen einen Überblick über den qualitativen Stand der Rasse. Gleichzeitig erfüllen vor allem die Internationalen Hundeausstellungen mit ihrer großen Besucherzahl eine wichtige Werbefunktion. Und natürlich können Interessenten hier erste Kontakte zu Züchtern herstellen.

Ein echter Jungchampion.

Vorbereitungen

Es macht keinen Sinn, an Ausstellungen ohne eine gewisse Vorbereitung teilzunehmen. Grundvoraussetzung für die Meldung zu einer Ausstellung ist, dass Ihr Hund im Besitz einer Ahnentafel ist, die vom Veranstalter anerkannt wird. Für Ausstellungen, die vom Verband für das deutsche Hundewesen geschützt sind, muss Ihr Hund im Besitz einer Ahnentafel des Beagle Club Deutschland sein, sofern er in unserem Land gezüchtet wurde. Hunde aus dem Ausland benötigen eine Ahnentafel, die von der FCI (internationaler Dachverband) anerkannt wird. Ihr Beagle muss sich in guter Kondition befinden, Idealgewicht haben und gepflegt sein. Das Fell muss glänzen, die Zähne sollen sauber und die Nägel kurz sein. In der Regel wird Ihr Hund von einem Spezialzuchtrichter für Beagles auf dem Tisch beurteilt. Hier muss er ruhig stehen, sich problemlos anfassen und das Gebiss kontrollieren lassen. An der Vorführleine, die man auf Ausstellungen und im Fachhandel erhält, muss Ihr Beagle im raumgreifenden Trab links neben Ihnen herlaufen. Anderen Hunden gegenüber darf er keinerlei Aggression zeigen, auch Ängstlichkeit ist unerwünscht. Bei den Übungen ist auch hier immer darauf zu achten, dass Ihr Hund Spaß daran hat, gelobt und belohnt wird, da er sich nur so auf

Dem Sieger winkt ein Pokal.

die Arbeit freut und sich dann auch im Ernstfall von seiner besten Seite zeigen wird. Üben Sie regelmäßig, aber nie lange. Fühlen Sie sich fit für die erste Ausstellung, fordern Sie die Meldeunterlagen vom Veranstalter oder über Ihren Rassehundeverein an. Das ausgefüllte Formular geht an den Veranstalter und das Meldegeld muss überwiesen werden. Es erleichtert den Einstieg in das Ausstellungsgeschehen, wenn Sie auf einer reinen Beagleausstellung beginnen, wo die Hunde im Freien gerichtet werden. Internationale Hundeausstellungen für Hunde aller Rassen finden meist in großen Messehallen statt, die schon durch die hohe Besucher- und Hundezahl größere Anforderungen an das Nervenkostüm von Hund und Vorführer stellen.

Zucht

Die Zucht von Rassehunden ist eine verantwortungsvolle und arbeitsintensive Angelegenheit. Prüfen Sie daher intensiv, ob Sie sich dies zutrauen und zumuten wollen. Es ist mit Sicherheit kein ausreichender Grund, einmal süße Welpen aufwachsen sehen zu wollen und auch Ihre Hündin wird nach einem Wurf nicht glücklicher, zufriedener und ausgeglichener sein als vorher. Es stimmt zwar, dass Zuchthündinnen statistisch gesehen weniger mit Gebärmutterentzündungen zu tun haben als jungfräuliche Haushündinnen, doch sind die schlechteren Ergebnisse letzterer zu einem nicht unerheblichen Teil auf das »Wegspritzen« von Läufigkeiten zurückzuführen, wovor ich hier nur warnen kann. Ein züchterischer Einsatz Ihrer Hündin lohnt sich nur dann, wenn diese in all ihren Eigenschaften und Anlagen, im Wesen wie in Anatomie und Gesundheit eine erstklassige, hoch im Standard stehende Hündin ist, die von vorzüglichen Elterntieren abstammt. Ist Ihnen dies auf Ausstellungen und Zuchtzulassungen bestätigt worden, können Sie die nächsten Überlegungen anstellen.

Welpen sind immer hungrig. Besonders Beaglewelpen!

Züchten sollten Sie nur in einem anerkannten Rassehundeverband, der es sich zum Ziel gesetzt hat, die Qualität der Rasse zu fördern. Dieser wird entsprechende Forderungen an Sie als Züchter stellen und überprüfen, ob Sie über die nötigen Voraussetzungen verfügen: Das notwendige Wissen besitzen, die entsprechenden Räumlichkeiten vorweisen können und die nötige Zeit haben. Wenn all diese Dinge gegeben sind und Sie und Ihre Hündin allen Anforderungen gerecht werden, können Sie sich einen Namen schützen lassen, unter dem dann nur Sie Ihre Hunde züchten dürfen.

Um Ihren Beagle zuchttauglich zu machen, muss neben den notwendigen Bewertungen auch eine HD-Begutachtung (Hüftgelenksdysplasie) erfolgen. Nur Hunde mit gesunden Hüften gehören in die Zucht. Bei der Wahl des Deckrüden sollten Sie sehr sorgfältig vorgehen und neben dessen Qualität - und hierzu gehören neben anatomischen Vorzügen vor allem Gesundheit und Wesen - auch seine Vorfahren und seine Nachzucht einbeziehen. Keinesfalls sollten Sie Abstriche machen, nur um Kilometer zu sparen. Für den ambitionierten Züchter gilt: Gesundheit und Wesen sind die elementaren Grundvoraussetzungen für jede Zucht. Anatomische Korrektheit und Attraktivität runden das Bild ab. Versuchen Sie, dem im Rassestandard beschriebenen Idealbild so nahe wie möglich zu kommen. Streben Sie ständig nach Verbesserung und planen Sie jede züchterische Maßnahme so, als wollten Sie für sich selbst einen Welpen behalten. Glauben Sie nicht, dass sich mit verantwortungsvoller Zucht der schnelle Euro machen lässt. Im Gegenteil, bevor überhaupt erst einmal Geld zurückfließt, sind nicht unerhebliche Aufwendungen erforderlich.

Eine Mutter braucht ihre Ruhe.

8 Jagd. Hundesport. Der Beagle im Alter

Jagd

Ursprünglich wurden Beagles für die Meutejagd auf den Hasen gezüchtet und ihre Aufgabe war es, den Hasenbestand in ihrem Einsatzgebiet auf ein vernünftiges Maß zu beschränken. Gefolgt wird der hetzenden Meute zu Fuß, was auch von deren zweibeinigen Begleitern beste Kondition und Ausdauer verlangt. Folgen den weit größeren Foxhounds auf der Fuchsjagd »Rotröcke« zu Pferde, so sieht man bei der Hasenjagd mit Beagles im Mutterland der Rasse vornehmlich »Grünröcke«.

Auf dem europäischen Festland hat diese Form der Jagd, die zum Leidwesen der Meutehalter auch in Großbritannien verboten werden soll, von Frankreich einmal abgesehen, kaum Tradition. Zwar gibt es auch in Deutschland einige wenige Foxhound- und Beaglemeuten, doch werden diese nur auf künstlichen Fährten - etwa zu Hubertusjagden - eingesetzt und stets zu Pferde gefolgt.

Auf Grund seiner hervorragenden Nasenleistung, seiner Arbeitsfreude und Ausdauer hat der Beagle aber auch bei uns mehr und mehr Freunde in der Jägerschaft gefunden. Zu Höchstleistungen ist er bei der Schweißarbeit in der Lage, aber auch als Stöberhund arbeitet er unermüdlich. Der Einsatz ohne Schweißleine setzt aber gerade beim Beagle, einem von seiner Grundbestimmung her hetzenden, hartnäckig und weit jagenden Meutehund, eine konsequente Erziehung voraus. Bei der Größe unserer Reviere und der herrschenden Verkehrsdichte sind andernfalls Probleme und Gefahren unausweichlich.

Hundesport

Auch wenn Ihr Hund nicht zum jagdlichen Einsatz kommen soll, ist Erziehung zum Grundgehorsam unerlässlich. Nur so kann ein friedliches

Miteinander von Hundehaltern und »Nichthundlern« gewährleistet werden. Und auch die Sicherheit des eigenen Hundes verlangt einen verlässlichen Gehorsam um zu verhindern, dass der Hund Opfer unseres regen Straßenverkehrs wird, was leider viel zu oft passiert. Im Bereich verkehrsreicher Straßen sollte ein Beagle immer an einer Leine geführt werden. Und ich möchte noch einmal ganz eindringlich darauf hinweisen, wie wichtig es ist, dem Hund zu vermitteln, dass das Überqueren von Straßen - ob angeleint oder frei - grundsätzlich nur nach vorherigem »Sitz« möglich ist und Fehlverhalten nicht toleriert wird. Fühlt man sich bei der Hundeausbildung allein überfordert oder möchte man über den Grundgehorsam hinaus mit seinem Hund arbeiten, so ist dies in vielen Landesgruppen des Beagle Clubs möglich. Darüber hinaus gibt es vielfältige Möglichkeiten in Hundesportvereinen, die Rasse offen sind oder in Hundeschulen, gemeinsam mit seinem Hund zu arbeiten und so seine Freizeit sinnvoll zu gestalten.

Mögliche Ausbildungslehrgänge im Bereich Gehorsam sind zum Beispiel das »Beagle-Diplom« des BCD, der VDH-Hundeführerschein, oder die Begleithundprüfung. Ziel dieser Erziehungslehrgänge ist es, den Jagdhund Beagle zum verlässlichen Begleiter in Stadt und Land, vor allem auch im Straßenverkehr auszubilden, der gesittet an der Leine läuft, frei bei Fuß folgt, sich für mehrere Minuten sicher ablegen lässt und trotz Verleitungen an seinem Platz ausharrt und andere Mitbürger nicht belästigt.

Auch für »Agility« ist der wendige, schnelle Beagle geeignet. Dieser verhältnismäßig junge Sport, der von Hund und Führer Fitness und Geschicklichkeit verlangt, hat in den letzten Jahren immer mehr Freunde gefunden. Die Zeiten, in denen die Parcours, die aus Sprüngen, Tunneln, Slalomstangen, Wippe und Laufsteg bestehen, durchlaufen werden, sind schneller und schneller geworden. Der Hund muss unter völliger Kontrolle sein und die Hindernisse mit möglichst hoher Geschwindigkeit in der richtigen Richtung und Reihenfolge nehmen.

Liegen Ihre Interessen mehr im musikalisch-tänzerischem Bereich, ist »Dogdancing« eine empfehlenswerte Disziplin. Diese noch sehr junge Hundesportart verlangt eine hohe Kommunikation zwischen Mensch und Hund. Um eine ausgefeilte Choreographie mit vielfältigen Figuren zu passender Musik einzuüben, bedarf es allerdings monatelanger Übungen. »Dogdancing« erfordert neben Gehorsam Phantasie, Kommunikationsfähigkeit sowie gegenseitige Aufmerksamkeit und ist somit eine abwechslungsreiche, altersunabhängige, gemeinsame Beschäftigung für Mensch und Hund. Auf vielen Hundeausstellungen sieht man inzwischen auch bei uns »Dogdancing« als bestaunte Showeinlage.

Der Beagle im Alter

Ein älterer Beagle mit ergrautem Gesicht strahlt Würde und Gelassenheit aus. Ihr Hund wird ruhiger und bedächtiger, braucht nicht mehr ganz so viel Bewegung. Das Futter sollte jetzt in zwei kleineren Portionen gegeben werden. Achten Sie nach wie vor auf das Gewicht, denn zu viel des Guten belastet Kreislauf, Wirbelsäule und Gelenke. Kürzen Sie die Nägel, wenn diese durch die geringere Bewegung nicht mehr abgelaufen werden. Seh- und Hörkraft können nachlassen, die Gelenke werden - wie auch bei uns - steifer. Lediglich die Fresslust verändert sich kaum. Auch Krankheiten treten häufiger auf. Die meisten unserer Hunde wurden 15 bis 17 Jahre alt und ihre Lebensqualität ließ erst kurz vor ihrem Ableben stark nach. Ein gesunder Beagle erreicht in der Regel immer ein zweistelliges Lebensalter. Aber auch unsere Hunde können von Krankheiten wie Krebs befallen werden, die ihre Lebenserwartung stark verkürzen können. Jeder Hundebesitzer hofft, dass sein Hund bis ins hohe Alter fit bleibt und dann irgendwann friedlich einschläft. Leider ist dies jedoch nicht der Normalfall. Wird das Leiden Ihres Hundes und sein körperlicher Verfall zu groß, ist es Zeit, Abschied zu nehmen und ihm ein qualvolles Ende zu ersparen. Bestellen Sie den Tierarzt zu sich ins Haus, um Ihren Hund in seiner gewohnten Umgebung und im Beisein seiner vertrauten und geliebten Menschen ein schmerzfreies Ende zu ermöglichen. Und wenn die Trauer nachlässt, sollten Sie sich überlegen, wie die hinterlassene Lücke am besten geschlossen werden kann - und Sie werden schnell erkennen, dass dies nur durch einen anderen Beagle möglich ist. Versuchen Sie aber nie, aus diesem eine Kopie des geliebten Vorgängers zu machen. Dies kann nur zu Enttäuschungen führen, denn auch Beagles sind Individuen, keiner dem anderen gleich, jeder für sich eine eigene Persönlichkeit. Geben Sie also dem neuen Hund eine faire Chance ohne ständig Vergleiche anzustellen; denn Sie erinnern sich - dank unseres so nützlichen selektiven Gedächtnisses - nur an die positiven Seiten Ihres ersten Beagles, während Ihnen die Unarten des kleinen Rackers stets vor Augen sind. Beherzigen Sie aber diesen Ratschlag, so steht einer neuen Beagleliebe nichts im Wege.